동양의 선과 서양 학습이론의 만남

무념치유 "SMASH"

김보경 지음

Σ 시그마프레스

무념치유, "SMASH!"

발행일 2015년 7월 10일 1쇄 발행

지은이 김보경
발행인 강학경
발행처 (주)시그마프레스
디자인 우주연
편집 이호선

등록번호 제10-2642호
주소 서울특별시 영등포구 양평로 22길 21 선유도코오롱디지털타워 A401~403호
전자우편 sigma@spress.co.kr
홈페이지 http://www.sigmapress.co.kr
전화 (02)323-4845, (02)2062-5184~8
팩스 (02)323-4197

ISBN 978-89-6866-536-3

이 도서의 국립중앙도서관 출판시도서목록(CIP)은 서지정보유통지원시스템 홈페이지(http://seoji.nl.go.kr)와 국가자료공동목록시스템(http://www.nl.go.kr/kolisnet)에서 이용하실 수 있습니다.(CIP제어번호 : CIP2015017307)

연기(緣起)란 '반연하여 일어나는 것' '다른 것과 관계해서 일어나는 현상계의 존재'다. 사회와 인생의 모든 현상은 반드시 그것이 일어나게 될 조건과 원인 아래에서 연기의 법칙에 따라 일어난다. 따라서 신들이 현상의 생멸 변화를 맡는다든가, 숙업이나 그 밖의 원인으로서 현상의 움직임은 숙명적으로 미리 결정되어 있다든가, 현상의 변화에는 어떠한 원인도 조건도 없고 모두가 무궤도적으로 돌발하는 우연에 지나지 않는다든가 하는 것은 아니다. 어떠한 원인과 조건에서 어떠한 현상이 생기고 또 멸하는가 하는 현상의 움직임에 관해 올바른 지식을 얻는다면, 그 현상이 움직이는 법칙에 따라 욕심내지 않고, 좋지 않은 현상을 제거하며, 바라고자 하는 좋은 현상을 우리들의 손으로 실현시킬 수가 있을 것이다. 즉, 연기의 이법(원리와 법칙)을 제대로 볼 수 있다면 생사윤회의 괴로움에서 벗어나 해탈열반의 즐거움을 얻을 수 있을 것이다. 석존에 의해서 발견된 연기의 이법은 이러한 것이었고, 이에 의해 석존은 깨달음을 얻어 부처가 된 것이다.

—미즈노(水野弘元) 스님

머리말

자연에는 무명이나 무지, 또는 미신이라는 것이 있을 수 없다. 무명 및 무지는 단지 인간이 스스로 생각하고 판단할 수 있게 됨에 따라 생긴 것이다. 코페르니쿠스가 지동설을 주장하기 전에도 하늘이 움직이는 것이 아니라 땅이 움직였던 것이지만 사람들은 하늘이 움직인다고 판단하게 됨에 따라 태양을 신으로 섬기기도 했다. 이러한 무지가 바로 지금까지의 인류가 보여온 역사다.

만일 땅이 움직이는가, 하늘이 움직이는가를 놓고 싸우고 있는 사람들을 옛 선사(禪師)가 지나가다가 보았다면 그는 "땅이 움직이는 것도, 하늘이 움직이는 것도 아니다. 다만 너의 마음이 움직이는 것이다."라고 했을 것이다.

모든 것은 있는 그대로 있을 뿐이다. 불교는 사람이 허망한 생각만 일으키지 않으면 그대로 원만하게 살게 되어 있는 무념의 세계에 대하여 설한다. 인간은 우주에 속하여 있고 또한 우주의 시공간적 통제하에 있는 것이므로 우주의 지혜를 공유하며 인간의 본래 면목 그대로의 원만한 삶을 살아가게 되었다. 그러나 허망한 생각을 일으키게 됨에 따라 결국 고통에 빠지게 된 것이다.

기독교 구약 성서에도 인간이 낙원을 잃어버린 이유에 대해 인간의 조상인 아담과 이브가 자신들도 신이 되고자 하는 생각을 일으켜 창조주가 “동산의 모든 열매는 따먹되 선과 악을 알게 하는 나무의 실과는 먹지 말라!”고 명령한 것을 어긴 탓이라 적고 있다. 나는 이것이 인류 최초의 화두(話頭)라 믿고 있다.

불교는 인간의 마음을 이전 행동 경험의 ‘쌓임’으로 정의한다. 자신이나 사물에 대한 개인의 지각과 판단은 이전 행동 경험을 그대로 투사하는 것에 불과하다. 사람은 그러한 이전 행동 경험의 그림자에 의하여 어떤 것도 ‘있는 그대로’ 보지 못한다. 사람들의 마음이란 ‘어스름한 밤에 길 앞에 놓인 새끼줄을 보고서도 뱀을 보았다고 고집하는 것’과 다르지 않다.

불교 수행의 목적은 오직 하나, 생각만 일으키지 않으면 본래 마음은 고요하다는 것을 깨닫게 하는 데 있다. 생각만 일으키지 않으면 자신과 남을 비교할 것도 없고, 불평할 것도 없고, 미워할 것도 없고, 좌절할 것도 없다. 생각을 일으키지 않는 것을 불교에서는 평상심이라고 말한다. 평상심은 자타나 내외, 성범이라는 관념이나 부처가 무엇이며 달마가 왜 왔는지에 대한 일체의 의식 분별조차 없다. 인간은 스스로 생각을 일으켜 자신과 이웃을 스스로 괴롭히고 있다. 그리고 인간의 인지 구조는 인간의 눈이나 손이 닿는 것마다 흑백이나 미추, 선악으로 분별하여 차별하지 않아야 할 것을 차별하고 증오하지 않아야 할 것을 증오하게 된다. 인간이 생각을 일으킴으로써 어떤 결과를 낳게 하는지는 오늘날 사회에서 일어나는 모든 부조리와 불평등, 선과 악이라는 이름으로, 종교라는 이름으로, 민족이라는 이름으로 서로 죽이며 파괴하는 테러와 전쟁에서 똑똑하게 보게 된다.

불교의 모든 가르침을 안심법문(安心法門)이라 한다. 불교는 마음을 쉬게 하는데, 마음을 쉬게 하는 방법인 계정혜(戒定慧)를 통해 자성의 본질로 나타나게 한다. 계로써 이웃과 하나가 되고, 정으로써 심신에 평화를 얻으며, 혜로써 자신이 무슨 일을 하든 달인이 된다. 인간이 자의로 할 수 있는 것은 아무것도 없다. 고장난 자전거를 고치거나 벽에 못을 박는 경우라도 성공적으로 수행하기 위해서는 그 일이 요구하는 물리적 · 화학적 법칙에 우리 자신을 무아로 조율하는 기술을 체득하게 하는 방법밖에 없다.

이 책 역시 안심(安心)을 명제(命題)로 한다. 인간은 본래 누구나 완전하다. 이 완전한 인간의 본질을 허망한 생각으로 인해 스스로 더럽히지만 않으면 된다. 이 책은 인간의 마음이 이전 행동 경험의 결과라고 하는 측면에서 불교와 학습 및 행동주의 심리학, 양자 간의 인간관이 동일하며, 또한 인간은 이전 행동 경험의 쌓임, 즉 학습 또는 습(習)의 그림자에 의하여 어떤 것도 있는 그대로 볼 수 없다는 것, 그러한 지각상의 문제에서 오는 부적응 행동을 해결하는 방법으로서의 불교 수행법 및 행동치료가 서로 공유하는 점을 바탕으로 개발한 것이다. 이 책은 특히 불교의 대표적 수행법인 지관(止觀), 정관(靜觀)이나 정혜(定慧)가 인간의 몸과 마음은 둘이 아니라는 심신불이(心身不二)의 원리를 바탕으로 사물의 모양이나 색깔, 소리, 냄새, 맛, 촉감, 상황에 조건화된 욕정이나 두려움, 미신 등을 소거(消去) 또는 탈학습시키는 행동적 접근법과 일치한다는 점에서 불교의 수행법과 행동적 접근법을 통합시킨 것이다. 또한 이 책은 시간과 경쟁하며 조급해하고 분노하면서도 정작 자신이 이루고자 하는 목적은 이루지 못하고 그 대신 관상동맥경화증과 같은 질병만 스스로 얻게 되는 현대인, 심장병 전문의들이나 심리학들이 Type A 행동이라 부르는 행동 경향성을 가진 사람들을 염두에 두고 개발한 것이다. 다시 말해 이 책은 '억지로 애씀'으로써 이루지 못하는 것을 심신을 이완하게 하는 역설적인 방법으로써 성취하도록 가르쳐 준다.

이 책은 세 가지 위계적 단계로 구성되어 있다. 첫째는 숨을 헤아리게 하는 방법으로서 고른 숨을 쉬게 하는 수식관(數息觀)을 기초적 단계로 소개한다. 둘째는 자신의 행동과 감정 그리고 마음에서 어떤 현상이 일어나는지를 알아차리게 하는 훈련이다. 육경(六識)이 번뇌를 일으키면 마음에 번뇌가 있다는 것을 알아차림으로써 문제를 스스로 해결하게 하는 방법인 사념처(四念處)가 소개된다. 그리고 마지막은 어떠한 생각도 일어나지 않게 하는 무념으로서 허망한 생각이 자기를 방해하지 않도록 하는 기술을 습득하게 한다.

그간 서양에서 출간된 자기치유에 관한 프로그램이나 책들은 대부분 인도의 요기(yogi)나 명상가들이 자신의 뇌파나 체온 등 자율신경계통에 속하는 생리적 현상까지도 자의로 변화시킬 수 있다는 사실을 그들이 개발한 전기뇌파측정기(EEG)와 같은 전자기기의 바이오피드백(biofeedback) 기술을 이용하여 증명할 수 있게 됨에 따라 크게 영향을 받은 것(Jaffe, 1980)이다. 그러나 이 책은 불교와 행동주의 심리학의 철학적 배경, 수행 방법과 목적을 전체적으로 통합시켰다고 하는 점에서 다르다. 그리고 이 책은 불교도들만을 위한 것이 아니다. "평상심이 곧 도!"라고 하는 불도(佛道)의 대의가 무엇인가를 정확하게 이해한다면 불교의 수행법은 누구나－시장하면 먹고 피곤하면 잔다는－불안이나 긴장 및 신경증으로부터 자유롭고 건강한 생활을 할 수 있게 하는 훈련이며, 허망한 생각만 차단하면 자연의 지혜로 소유하고 있는 능력을 최대한 발휘할 수 있게 하는 방법임을 알게 될 것이다. 불교의 수행법들은 즐기면서 축구하고, 즐기면서 공부하고, 즐기면서 성공하는 비법을 가르쳐 준다고 할 것이다.

이 책 역시 수많은 인연과의 결과다. 이 책을 쓰는 데 영감을 준 것은 미국 바이오피드백 연합회 회장이었던 페퍼(E. Peper) 박사가 그의 동료 홀트(C. F. Holt) 박사와 함께 집필한 **총체성의 창조**(*Creating Wholeness*, 1993)라는 제목의 책에서 다룬 자기치유법(self-healing)이다. 그들은 자기치유의 궁극적 목적을 개인의 전인적 변화에 두고 이완, 심상, 인지 그리고 행동 변화를 그들의 자기치유 프로그램에 통합시켰다. 자기치유의 목적을 '총체성의 창조' 또는 변화로 본다면 불교에서 인간을 죽이는 삼독(三毒)이라 불리는 탐진치(貪瞋癡)를 인간을 살리는 계정혜로 대치하게 하는 방법보다 더 완벽한 총체적 접근법은 없으리란 것을 그 책에서 발견하게 되었다. 그리고 이 책이 완성될 때까지 내 손에서 떠나지 않았던 도서로서는 청화 스님의 **육조단경**(2003), 이연숙의 **새아함경**(1992), 미즈노(水野弘元) 스님의 **원시불교**(1988) 그리고 야나기다(柳田聖山) 스님의 **선사상**(禪思想, 1984)이 있다. 그것은 저자가 행동주의 심리학과 불교의 비교, 초기 불교의 수행법과 간화선(看話禪) 수행의 위계적 관계 발견, 마지막으로 행동치료의 기법과 불교의 수행법을 통합한 자기치유 프로그램의 개발이라는 복잡한 과제를 수행하는 데 있어 어느 쪽으로도 치우치지 않기 위한 조치였다. 그리고 이 책에 인용된 조사들의 어록 중 따로 표기되지 않은 것은 모두 권기호 박사의 **뜰 앞의 잣나무**(1981)에서 따온 것임을 밝혀 둔다.

이 책을 완성하기까지 내 마음속에서 항상 내게 무언의 용기를 주신 분들로는 옛 은사이신 목계 김학수 박사님, 영국 에든버러대학에서 동양의 지혜에 관하여 눈 뜨게 해준 해밀턴(R. Hamilton) 교수님, 나의 토론토대학 지도교수였던 월프강(A. Wolfgang) 교수님, 나의 임상 수련 감독이자 오랜 친구였던 푸러시(M. Pruesse) 박사 그리고 나의 첫 외국 유학 시절 오스트리아 그라츠대학에서 만나 나의 진로를 안내해 주셨던 경북대학교 이우영 교수님이 계신다. 그리고 나의 오랜 친구들이자 내가 일생을 통하여 많은 신세를 진 이성덕 박사와 주해호 박사, 캐나다에 있는 이동열 박사와 문우일 박사가 있다. 이 책을 쓰게 된 직접적인 인연은 불광연구원의 서재영 박사와 '밝은 사람들' 연구소의 박찬욱 박사와의 만남이다. 그분들의 고무가 없었더라면 이 책은 세상의 빛을 보지 못했을 것이다. 그리고 이 책이 완성될 때까지 조언과 협력을 아끼지 않았던 대구대학교 재활심리학과 최은영 박사에게도 심심한 감사를 드리며 이 책의 출판을 기꺼이 맡아 주신 시그마프레스 강학경 사장님께도 감사드린다. 인내와 사랑으로 항상 나를 지켜 준 나의 아내와 두 딸에게도 이 기회를 통해 나의 사랑을 전하고 싶다.

2015년

저자 김보경

우리 심리학계의 원로 교수, 김보경 박사님의 무념치유, "SMASH!"의 출판을 앞두고, 추천서 요청에 부응하여 축하와 함께 저간의 인연을 되새기며 소감을 몇 마디 나누고자 합니다.

저자는 머리말에서 "불교는 사람이 허망한 생각만 일으키지 않으면 그대로 원만하게 살게 되어 있는 무념의 세계에 대하여 설한다."는 올바른 불교관을 전제로 하여 "이 책은 인간의 마음은 이전 행동 경험의 결과라고 하는 측면에서 불교와 (중략) 학습 또는 습(習)의 그림자에 의하여 어떤 것도 있는 그대로 볼 수 없다는 것, 그러한 지각상의 문제에서 오는 부적응 행동을 해결하는 방법으로서의 불교의 수행법 및 행동치료가 서로 공유하는 점을 바탕으로 개발한 것이다."라고 언명하였습니다. 아울러 "불교의 수행법과 행동적 접근법을 통합시킨 것이다."라고도 하였는데, 이로부터 고전적 불교 심리학의 하나라고 할 수 있는 유식학(唯識學)과 현대적 심리학의 한 분야인 행동심리학과의 접목을 시도한 것이 분명합니다. 실제로 불교 수행의 하나로 알려진 수식관(數息觀)과 사념처(四念處)를 처방 과정에 적용하였으며 무념행(無念行)으로 마무리 하였는데, 생각을 일으키지 않는 무념행은 선불교 수행 전통의 하나입니다.

필자는 선학 교수이며 동국대학교의 선연구소장으로서, 몇 년 전에

'선치유'에 대한 연구소 주최 학술 대회를 준비하며 심리학 분야와 관련하여 김보경 박사님께 발제를 부탁하였습니다. 또한 근년의 관련 학술 심포지엄에서도 연계된 내용의 발표를 요청하였는데 그 과정에서 많은 탁마와 공감을 갖게 되었습니다. 소납은 중국 선종의 초조로 평가되는 보리달마의 이입사행론(二入四行論)을 연찬하였는데, 그 내용은 김보경 박사의 치유 방법 가운데 무념행의 주요한 근거가 됩니다. 선불교의 고전으로부터 예지를 얻어 그것을 현대 심리학에 활용하는 것은 매우 탁월한 선택과 현명한 적용이라고 평가합니다. 이 책은 동양과 서양의 강점을 통합하여 현대인은 물론 미래 세대에게도 유효하고 유익한 이론 및 실천 방안을 제공합니다. 김보경 박사님의 장구한 학문과 다양한 경험이 응집된 이 책의 혜택이 다른 나라 사람들에게도 누려지도록, 여러 가지 언어로 번역되기를 기대해봅니다. 모쪼록 많은 이가 이 책의 가치를 음미하고 누릴 수 있기 바라고, 기꺼이 일독을 권하며 추천해 마지않습니다.

이 저술을 위해 애써 오신 김보경 박사님께 거듭 치하와 감사를 드리며, 이 책을 읽는 분들 모두 몸과 마음의 안정과 평화를 이루고 깨달음과 지혜를 얻어 자비와 사랑을 이웃에게 널리 펼칠 수 있기를 축원하면서 둔필을 거둡니다.

불기 2559(2015) 열반절

宗師 比丘 眞月(불교학 박사 이영호)
동국대학교 불교학부 교수 · 선연구소 소장
조계종 국제교류위원, WFB 이사, 유엔 디케이드 코얼리션 운영위원

소개 : 무념치유의 배경

수식관

03 사념처

04 무념행

05 마무리 : 수식관과 사념처 그리고 무념행의 통합

01

소개 : 무념치유의 배경

조주의 도전

'조주끽다거(趙州喫茶去)'라는 화두(話頭)가 있다(석용운, 2011). 어느 날 수행자 두 사람이 조주(趙州) 선사를 찾아 왔다. 한 사람이 선사에게 절을 하고 "불법(佛法)의 대의(大義)가 무엇입니까?"라고 물었다. 조주 선사는 "자네, 이곳에 온 일이 있는가?"하고 물었다. 그가 "한 번도 온 일이 없습니다."라고 대답하자 "그러면 차나 한잔 들게(끽다거, 喫茶去)!"라고 했다. 다른 수행자가 와서 절하고 "달마께서 서쪽에서 오신 뜻이 무엇입니까?"하고 묻자 이번에도 선사는 "자네, 이곳에 온 일이 있는가?"라고 묻고는 그가 이전에 한 번 온 일이 있다고 하자 "그러면 차나 한잔 들게!"라고 했다. 밖에서 이러한 말을 엿듣고 있던 원주(院州) 스님이 선사에게 묻기를 "스님, 어째서 이곳에 한 번도 온 일이 없다고 하는 사람에게도 끽다거요, 한 번 온 일이 있다고 하는 사람에게도 끽다거입니까?"하니 선사는 "원주!"하고 크게 부른 뒤 그가 "예!"하고 대답하자 "너도 차나 한잔 마시거라."했다.

먼 곳에서 찾아와 불법의 대의를 묻고 있는 사람이나 달마가 온 연유를 묻는 수행자들에게 "차나 한잔 들게!"라고 한 조주 선사의 언행은 분명 그들의 입장에서 보면 섭섭하고 무성의한 태도로 보였을 것임에 틀림없다. 그들은 실망한 채 그곳을 떠났을지도 모른다. 그러나 그들 중에는 조주 선사의 "끽다거!"에서 '문득' 깨달음을 얻고 감사의 눈물을 흘린 이가 있었을지도 모른다.

불법의 대의나 달마 대사가 서쪽에서 온 연유를 조주 선사가 모를리 없을 것이다. 그렇다면 왜 조주 선사는 수행자들이 원하는 해답을 바로 말해 주지 않고 "차나 한잔 들게!"라는 말로 그들의 요청을 무시하였을까? 그 수행자들이 다른 선사를 찾아가 동일한 질문을 했더라면 어쩌면 그곳에서는 "차나 한잔 들게!"가 아니라, 몽둥이로 얻어맞고 비참하게 쫓겨났을지도 모른다. 불법이나 달마가 온 연유에는 무슨 비밀이 숨어 있기에 그것에 대하여 말하거나 말하려 하기만 해도 그렇게 조사들이 고함을 치거나 방망이를 날리는 것일까?

누구나 경전을 읽고 법문을 들으면 불법의 대의가 무엇인지 알 수 있을 것이라 생각할 것이다. 그러나 불법의 대의나 달마가 서쪽에서 온 연유는 우리가 선악을 분별하고, 미추를 분별하며, 귀천을 분별하고, 부처와 부처가 아님을 분별하며, 천당과 지옥을 분별하고, 생전과 생후를 분별하며, 자타나 내외를 분별하고, 심지어 자기가 깨달음을 얻었는지 어떤지를 분별하는 분별 의식 그 자체를 버리도록 가르치는 데 있다. 그러므로 불법의 대의나 달마가 서쪽에서 온 연유를 안다는 것은 바로 수행자들 자신이 지금 묻거나 알려고 하는 것이며 또한 깨달음을 얻어 부처가 되고자 하는 그 의식 분별의 마음조차 내려놓음에 있다는 깨달음에 있다.

사람의 마음이란 이전 행동 경험들이 쌓인 결과로 사람마다 다르고 또한 그러한 마음으로 지각하고 판단하는 세계란 자신의 욕망이나 분노, 무지, 미신을 반영하는 것에 지나지 않는 것이므로 그 결과는 본래 서로 의지하며 살게 되어 있는 삶을 스스로 방해하게 된다. 사람의 본심은 본래 무아로 연기, 인과의 법칙에 따라 움직이게 되어 있어서 무상한 환경 변화에 원만하게 적응하도록 되어 있다. 그러나 사람들이 자신의 행동 경험에 따라 이렇게나 저렇게 형성된 마음을 마치 본래부터 자신에게 숙명적으로 주어진 어떤 절대적인 존재나 영혼으로 착각하거나 주인으로 섬기고 있는데, 불법의 대의나 달마가 온 이유는 이를 지적함에 있다. 조주 선사의 "끽다거!"는 아직도 그러한 망심에서 벗어나지 못한 수행자들에게 불법의 대의나 달마가 온 연유가 곧 지금 당장 그 분별하는 마음을 내려놓게 하는 데 있음을 깨닫게 하는 간곡한 권유다.

"끽다거!"와 같은 수많은 화두에는 제자들의 분별심을 잘라 버리게 하는 세 가지 기능이 포함되어 있다(門脇, 1985). 첫째는 함개건곤(函蓋乾坤)이다. 함개건곤이란 함과 뚜껑 또는 하늘과 땅을 뜻하는 것으로 상대가 '하늘'로 질문을 해 오면 '땅'으로 대답하고, '함'으로 물어오면 '뚜껑'으로 응답함을 뜻한다. 이러한 방법은 곧 대법(對法)으로서, 예를 들어 부처를 '거룩한' 존재로 분별하여 물어 오면 '간시궐', '똥 마른 막대기'로 응답함으로써 마침내 성범이나 귀천과 같은 분별 의식을 없애도록 하는 방법이다. 둘째는 절단중류(截斷衆流)로 제자들의 분별심을 싹둑 잘라 버리게 하는 기능을 발휘한다. 제자들의 마음은 분별심으로 가득 차 있다. 그들의 질문에 대하여 말로 설명해 준다는 것은 이미 습관화된 그들의 분별 의식을 강화하는 것에 지나지 않는다. 셋째는 수파측랑(隨波逐浪)으로 물결을 따라 파도를 쫓아 버리듯이 질문자의 의도에 합당하게 대응한다는 것이다. 화두에 포함된 이러한 기능은 조사들이 제자들의 심리적 상태를 얼마나 세심하게 관찰하며 분석하고 있는가를 보여 준다.

불교에서의 깨달음에는 세 가지 단계가 있음을 유식삼성(唯識三性)이 말해 주고 있다. 첫째는 변계소집성(遍計所執性)으로 사물에 대한 인간의 인식과 판단, 분별심이 마치 어스름한 밤에 길 앞에 가로 놓인 새끼줄을 보고 뱀을 보았다고 고집하는 것과 같다는 사실을 발견하는 것이다. 둘째는 의타기성(依他起性)으로 비록 우리들의 눈에는 뱀이 다른 사물과 별개로 존재하는 것처럼 보여지더라도 그것 역시 다른 모든 것과의 총체적 관계 또는 인과의 관계에서 생멸하고 있다는 사실을 발견하는 것이다. 셋째는 원성실성(圓成實性)으로 현상계의 모든 사물의 본질은 비어 있는 것으로서 서로 의존하며 원만한 세상을 이루고 있다는 사실의 깨달음이다.

유식삼성을 우리가 진리로 받아들이게 된다면 첫째, 우리의 지각과 판단이 얼마나 망상적인가를 자각하고 그러한 망상과 무지로부터 벗어나기 위한 노력이 요구된다. 둘째, 모든 것은 서로 연기(緣起) 또는 서로 의존하게 되어 있다는 사실의 깨달음은 자기를 사회나 자연과의 총체적 관계에서 재조명하게 한다. 셋째, 지금까지 자신을 전체로부터 분리된 존재로 보게 했던 망심을 버리고 자타나 내외나 성범이라는 경

계조차 없는 자신의 본질, 공에 들어가게 한다. 공에 들어간다는 것은 개인이 살아오면서 겪은 크고 작은 경험들이 축적된 결과, 즉 습(習) 또는 학습의 결과인 지금의 마음이나 성격의 영향으로부터 완전히 벗어나 마치 새로 태어난 사람과 같이 자연 그대로의 우주와 소통할 수 있으며 우주의 지혜를 그대로 공유하는 본래의 마음으로 보고 듣고 느끼고 행동하게 됨을 의미한다.

이러한 분심의 특징으로 나타나게 되는 것이 계(戒), 정(定), 혜(慧)이다. 계는 해와 달이 법칙에 따라 운행하며 누구나 차별하지 않고 그 밝은 빛을 비추어 주는 것과 같은 자비심으로 가득 찬 행동을 말하는 것이고, 정은 어떤 의심이나 번뇌나 걱정 근심이나 미움이나 욕심이나 조급함 등 부적 감정이 모두 꺼져 버린 심신의 안정과 평화를 뜻하는 것이며, 혜는 우주가 그 안에 포용하고 있는 모든 지혜를 자성(自性)으로 함께 공유하며 자유자재로 발휘할 수 있게 됨을 뜻한다.

인간은 누구나 우주와 통합되어 있고 우주의 시공간적 통제를 받는다. 과학자들이 말하는 것과 같이 우주는 법칙에 따라 운행된다. 인간 역시 우주와 동일한 법칙을 따르게 되어 있다. 그러나 인간은 스스로 허망한 생각을 일으키게 됨으로써 인간이 따라야 할 괘도로부터 이탈된 행동을 해왔다. 이제는 생각을 일으키지 않게 됨으로써 본래의 자기를 회복하게 된 것이다. 그것은 곧 번뇌 망상의 결과로 얻게 된 신체적 · 정신적 질병으로부터의 해방을 의미하는 것이고, 마음의 평화를 의미하는 것이며, 어리석은 생각에 의하여 막혀 있었던 지혜, 모든 것을 아는 지혜, 일체지지(一切智智)의 터임을 말하는 것이다. 이는 그간 현실과 망상을 구별할 수 없었던 정신분열증 환자가 이제 망상으로부터 벗어나 사물을 환하게 바로 볼 수 있게 됨과 같은 것이다. 사람들은–누구나 개인 간에 차이는 있을지언정–모두 정신분열증을 앓고 있다.

유식삼성을 학습이라는 관점에서 보면 변계소집성은 마치 종소리에 침을 흘리게 된 파블로프(I. Pavlov)의 개처럼 이전 경험의 결과로 사물에 조건화된 두려움과 같은 행동이나 마음을 말하는 것이고, 의타기성은 그러한 학습 또는 조건화의 이면에 작용하는 학습 원리, 즉 연합의 법칙을 말하는 것이며, 원성실성은 사물에 조건화된 부적 감정이나 행동이 모두 소거됨으로써 사물을 '있는 그대로' 보고 반응할 수 있게 됨을 뜻한다. 학습 및 행동심리학에서 인간의 본성을 백지(白紙)에 비유하는 것처럼 불교에서도 인간의 본심(本心)을 텅 빈 공이라 하고, 본심이 어딘가에 엉기고 집착되어 망심(妄心)이 된다고 본다. 본심이 공이기 때문에 그 안에 이전 행동 경험이 쌓이면서 오온연기(五蘊緣起), 마음이라는 것이 생기는 것이다. 본질(本質) 또는 본체(本體)와 기능(機能), 용(用)의 관계를 의미하는 것이다.

불교에서는 우리가 경험하는 색성향미촉법, 즉 육경(六識)이 번뇌를 일으키면 마음에 번뇌가 있다는 것임을 알아차리라고 한다. 이는 어떤 사람이 개에 대한 공포증을 가지고 있는 경우와 같다. 개 공포증을 가진 사람들은 무해한 강아지도 무서워한다. 그에게 개가 무서운 것은 개 자체가 무서워서가 아니라 이전 경험을 통하여 개를 무서워하게끔 조건화되었기 때문이다. 불교의 모든 수행법이 이전 행동 경험으로 형성된 감정과 행동 그리고 마음을 소거시키는 데 있다. 육체를 깨끗하지 않은 것으로 보게 함으로써 육체적 욕망을 통제하게 하는 부정관

(不淨觀)이나 분노가 일어나면 상대를 불쌍하게 보게 함으로써 분노를 통제하게 하는 자비관(慈悲觀) 등 초기 불교의 대치법(對治法)이나 중국 선에 있어서 좌선, 벽관(壁觀) 또는 참선으로 생각 자체를 끊어 버리게 하는 대법(對法)까지 학습의 원리를 이용한 지금의 인지-행동 수정에 일치하지 않는 것은 없다.

사람은 환경에 적응하기 위하여 학습해 가야 한다. 그러나 이전 환경에서 학습한 행동이 어떤 조건을 만나 고정되거나 집착되어 버리면 무상한 환경에 더 이상 적응해 갈 수 없다. 다시 말하면 인간의 마음은 거울과 같이 즉시 비워져야 한다. 인간의 본심은 본래 그렇게 되어 있다. 마치 바람이 불어 고요하던 물이 파도가 되었다가 다시 물의 본래 모습으로 돌아오게 되는 것과 같은 것이다. 그러나 인간의 마음은 이전 경험의 흔적들이 점차 두껍게 쌓여 본심을 덮어버림으로써 환경 변화에 의지하여 순간순간 변하여 갈 수 있는 적응력, 자연지 또는 근본지를 상실하게 된다.

조주를 찾아 온 수행자들은 어쩌면 갈증이 나도 '차 한잔'을 안심하고 마시지 못했을지 모른다. 견성하고 부처가 되려는 조급한 마음 때문이다. 조주의 "끽다거!"는 그들이 부처라고 생각하고 견성성불이라고 생각하는 것도 개 공포증을 가진 사람처럼 마음에서 생긴 망상임을 지적한다. 생각만 일으키지 않으면 자신 그대로가 부처인 것을 그들은 계속 밖에서 찾으려고 한다. 인간의 모든 고통은 학습된 기대(期待)에서 온다. 우린 그것을 갈애라 할 것이다. 인간이 기대하는 것은 모두 실제가 아닌 마음에서 만들어진 허상에 불과하다. 불교는 마음을 놓음으로써 성취할 수 있는 자연의 지혜에 관하여 설하고 있다.

우주 안의 모든 사물들은 공을 본질로, 연기라고 하는 물리적 · 화학적 법칙에 따라 서로 소통하며 이합집산의 과정을 되풀이한다. 인간의 마음과 행동도 그와 같은 동일한 법칙을 따른다. 불교에서는 이를 외연기(外緣起) 대 내연기(內緣起)라 부르고 심리학에서는 이를 학습의 원리라 부른다. 그러나 인간은 허망한 생각을 일으켜 자신을 마치 그러한 법칙과 전체로부터 분리된 존재인 것처럼 착각하며 법에 일치하지 않는 생각과 행동을 하게 된다. 이를 무지와 미신이라 할 것이다. 탐진치란 그러한 망상에서 생겨난 독소로서 인간 자신을 스스로 병들게 하며 죽이는 세 가지 독소가 된다. 그것과는 반대로 인간이 어떠한 생각도 일으키지 않음으로써 자신을 본래의 모습 그대로 놓아두게 되면 계정혜가 법에 일치하는 본심으로 나타나 모든 것을 원만하게 한다. 개체와 환경은 둘이 아니며 어떤 경계도 없이 서로 소통하게 되어 있다. 인간의 허망한 생각은 개체와 환경 간의 통합성을 방해한다. 우리가 시장해도 먹지 못하고, 피곤해도 자지 못하는 연유가 거기에 있다. 조주의 "끽다거!"는 어떠한 생각도 일으키지 않고 '시장하면 먹고, 피곤하면 잔다'는 인간 본래의 평상심이 곧 불법의 대의이며 달마가 온 연유임을 깨닫게 하는 안심법문이자 그를 찾아 온 수행자들을 위한 대답이다.

"끽다거!"와 같은 화두는 수행자들에게 주는 조사들의 숙제이다. 이 숙제는 자신들이 풀어야 한다. 화두는 의심을 요구한다. 의심하고 또 의심하여 마침내 자신이 의심의 '덩어리'가 되어 화두를 들게 되면 마치 '밤송이를 통째로 삼킨 것'과 같이 삼킬 수도 없고 토할 수도 없는 괴로움과 함께 의식상에 변화가 일어난다. 지금까지 사회적으로 강화

되어 왔던 분별심이 화두에 의하여 내면적으로 무시 또는 처벌되기 때문이다. 수행자는 마침내 높은 낭떠러지에서 떨어지는 것과 같은 무력감으로 인해 화두까지도 놓고 무념의 경지를 체험할 수 있게 된다. 그리고 '문득' 스승이 내어 준 숙제의 의미를 알게 되어 스승에게 감사드리게 된다.

마음은 학습의 결과다. 분별심 역시 이전 경험을 통해 학습한 것이며 분별심을 버리고 무념행을 실천하는 방법 또한 체험을 요구한다. 화두란 이전에 배워 익힌 습관 그대로의 분별심을 가지고 의심하면 의심할수록 더욱 철벽과 같이 막히게 되는 과제를 끝까지 놓지 않으려는 애씀에서 오는 극도의 피로와 무력감으로 인해 화두조차 더 잡고 있을 수 없게 된 항복의 순간에 체험하게 되는 고요함, 깨달음이다. 화두는 조사들이 때로 할(고함)과 방(몽둥이)으로 제자들의 분별심을 차단한 것과 같이 제자들의 분별 망상을 내면적으로 처벌하는 행동적 방법이다. 인간의 마음을 이전 행동 경험의 총화(總和)(Suzuki, 1960)로 보는 불교는 고통의 원인을 멀리서 찾지 않는다. 잘못 배운 것은 다시 배우면 그만이다. 무명에 속한 환경에서 배운 것은 무명을 '밝음'으로 바꾸면 따라 변하게 된다. 화두라고 해서 예외가 아니다. 화두는 부처나 중생이라는 생각을 일으켜 부처를 자기 밖에서 찾으려고 하는 나쁜 습관을 차단하는 대치/대법이다. 바람만 그치면 물은 그대로 잔잔하게 되는 것과 같이 무념이면 자성은 그대로 빛을 발하게 되어 있다.

인간은 오랫동안 심신이나 선악, 성범이나 귀천, 미추나 생사 및 모든 것을 각각 분리된 형태로 지각하고 판단해 왔다. 그 결과가 우리가 보는 사회적 부조리며 불평등이다. 불교의 핵심은 우리가 일상적으로 분리된 형태로서 지각하는 모든 것이 실은 둘이 아니며 하나라는 사실을 깨닫게 하는 것이다. 불교의 메시지는 그렇게 명료한 것이지만 인간은 자신을 타인이나 자연으로부터 분리된 것으로 볼 뿐만 아니라 모든 것을 서로 분리된 것으로 보도록 조건화되고 학습되었다. 불교나 깨달음은 어려운 것이 아니다. 어려움은 우리가 그렇게 학습되어 굳어버린 마음에서 헤어나지 못함에 있을 뿐이다.

이 책은 인간을 병들어 죽게 하는 행동으로서의 욕심과 감정으로서의 분노 그리고 인지(認知)로서의 어리석음이란 세 가지 독소를 질서와 계율이라는 행동으로서의 계, 안정된 감정으로서의 정, 그리고 자신이나 사물을 '있는 그대로' 볼 수 있는 지혜로서의 인지로 스스로 치유하게 한다. 또한 이웃과 더불어 평화를 누리며, 자신이 무슨 일을 하든 그 일에 달인(達人)이 되게 하는 세 가지 방법을 스스로 체득할 수 있도록 돕는 데 그 목적이 있다. 인간은 누구나 본래 이 세 가지 능력을 본심으로 가지고 있는 것이기 때문에 허망한 생각만 일으키지 않으면 바로 그 자리에서 성취할 수 있게 된다.

일체유심조, 마음은 학습된 것이다

불교와 학습 이론과의 공통성을 나타내는 사례로 원효 대사가 도를 구하러 길을 떠났다가 중도에서 겪은 에피소드를 들 수 있다. 누구나 잘 알고 있는 이야기일 것이다. 원효 대사가 젊었을 때 불도를 구하기 위하여 당나라로 가다가 하루는 광야에서 밤을 새우게 되었다. 한밤중에 목이 말라 주변을 더듬거리다가 어떤 용기에 담긴 물을 찾아 시원하게 마셨다. 그 다음날 아침 간밤에 마신 물이 생각나서 찾아보니 그가 마신 것이 해골에 담겼던 빗물이었다. 원효는 그 순간 어젯밤에 달게 마신 물까지 토하려고 하고 있는 자신을 발견하게 된다. 그는 이 뜻밖의 경험을 통하여 불도가 무엇인가에 대한 깨달음을 얻고 "일체유심조!"라고 소리 지르게 된다. 원효 대사가 경험한 것을 누구나 경험했을 것이다. 원효가 간밤에 모르고 마셨던 물은 감로수였다. 그러나 아침에 본 그 물은 더럽고 구역질 나는 물이었다. 무엇이 동일한 물을 그렇게 변화시킨 것인가? 원효가 간밤에 잘 마신 물은 아무 생각도 일으키지 않고 마신 물이었다. 그러나 그가 아침에 본 그 물은 생각이 개입된 물이었다. 분별심이 개입되자마자 어젯밤의 감로수가 아침에는 구역질 나게 하는 물로 변한 것이다. 이러한 심리적 현상을 가장 잘 설명해 줄 수 있는 것이 학습 및 행동심리학이다. 이러한 형상을 조건 형성이라 부른다. 비록 깨끗한 물일지라도 그것이 해골바가지와 같은 혐오스런 사물과 시공간적으로 근접되어 있으면 그 물 역시 더러운 것으로 보게 된다. 우리가 눈으로 보는 사물의 색깔이나 모양, 귀로 듣는 각종의 소리, 코로 맡는 각가지 냄새, 혀로 맛보는 다양한 맛, 몸으로 느끼는 여러 감촉 및 우리가 의식하는 주위 환경을 모두가 그런 욕심이나 분노, 어리석은 생각으로 조건화되어 있다. 우리는 그러한 '학습의 그림자'에 의하여 어떤 새로운 경험도 새로운 것으로 경험할 수 없다. 불교의 모든 수행 목적이 이 '학습의 그림자'를 지움으로써 육경을 '있는 그대로' 볼 수 있도록 하는 데 있다.

불교에서는 불성에 다름없는 본심이 어딘가에 엉기고 집착되어 망심이 된다고 본다. 본래 비어 있는 본심이 개인의 행동 경험에 의하여 어떻게 엉기고 쌓여 망심이 되는가를 설명할 수 있는 과학적 근거로 학습 및 행동심리학을 능가할 이론은 없다. 파블로프의 개가 어떤 학습 경로를 통하여 종소리에도 침을 흘리게 되는지 설명하는 학습 이론은 본심이 어떤 행동 경험을 통하여 망심이 되는가를 정확하게 설명해 줄 수 있다.

원효를 깨달음에 이르게 한 또 한 가지의 중요한 계기가 있다. 젊은 원효가 깊은 산중 어떤 암자에서 홀로 수행하고 있었을 때의 일이다. 어느 날 밤 어떤 여인이 찾아와서 하룻밤 묵어 갈 수 있게 해달라는 간곡한 청을 거절하지 못하여 둘이 함께 좁은 방에서 밤을 보내게 되었다. 젊은 원효는 밤이 새도록 한잠도 자지 못하고 괴로워하다가 새벽이 되자마자 방을 뛰쳐나왔다. 개울물에 몸을 씻으려고 옷을 벗는 순간 그 여인 역시 방을 나와 자기 옆에서 옷을 벗고 있었다. 원효는 그 모습을 보자 너무나 화가 나서 "당신은 밤새도록 나를 괴롭히더니 지금까지도 나를 괴롭히고 있지 않는가!"하고 소리를 질렀다고 한다. 그 여인은 태연하게 "저도 목욕을 하려고 했을 뿐입니다."라는 말을 남기고 폭포 위로 날아올라 버렸다. 이 에피소드는 원효가 여인을 보고 일으킨 짜증이나 분노가 상대의 탓이 아니라 자기의 마음에 있는 욕망이나 갈등을 반영한 것에 지나지 않는다는 것을 가르쳐 준다. 육경이 번뇌를 일으키면 그것은 마음에 번뇌가 있다는 것임을 알아차리도록 불교는 누누이 가르치고 있다. 이 모든 것은 마음이 학습의 결과라는 사실을 불교가 가르쳐 주고 있는 것이기도 하다.

마음이 어떤 경험을 통하여 발달하는가를 설명하는 불교의 십이연기나 마음이 무엇과 무엇으로 조합되어 있는가를 설명하는 색수상행식(色受想行識), 오온연기는 모두 학습설이다. 불교는 인간의 마음이나 성격을 이전 행동 경험의 총화로 정의하고 있다. 인간의 마음을 습(習) 또는 훈습(薰習)의 결과로 보는 것이 그것이다.

불교는 마음이 어떤 학습 과정을 통하여 발달되는가를 유전연기(流轉緣起)로 설명하는 동시에 학습의 결과인 마음을 어떻게 본래의 모습으로 되돌리게 할 수 있는가를 환멸연기(還滅緣起)로 설명한다. 이는 행동심리학에서 학습의 결과인 부적응 행동을 동일한 학습의 원리로 적용하여 소거시키는 것과 다름없다. 다시 말하면 불교에서는 무명(無明)이라는 무지(無智)에 속한 환경에서 '학습된' 도적과 같은 마음을 본래의 모습으로 되돌리고자 할 때, 좋은 현상 및 좋지 못한 현상 모두가 연기의 이법(理法)에 따라 일어나게 된다는 진리를 깨닫고, 무명과 결합되어 형성된 이전의 도적과 같은 마음에 대해 동일한 연기의 이법(理法)을 적용하여 이를 소거시키는 것이다. 예를 들어 초기 불교의 다양한 대치법이나 선에서 서로 상대되는 것을 쌍으로 하여 양변(兩邊)을 없애게 하는 대법은 모두 '이것이 있으므로 저것이 있다'는 인과의 법칙 또는 연기의 이법을 적용한 것이다. 불교는 이러한 사물과 사물, 사건과 사건 간의 연기 또는 관계성을 이용하여 고(苦)의 문제를 해결한다.

다음은 인간의 마음이 학습의 결과라는 것과 학습 이론에 비교되는 연기의 이법에 의존하여 우리가 좋지 못한 현상을 어떻게 좋은 현상으로 변화시킬 수 있는가를 일본의 스님이자 불교학자인 미즈노(水野, 1984)가 설명한 내용이다. 학습이란 '경험을 통한 행동의 변화'로 정의된다.

우리들의 인격을 형성하고 있는 지능, 성격, 체질 등은 우리가 태어난 뒤에 시시각각으로 경험해 온 것의 총화이다. 물론 이들 지능, 성격, 체질의 일부분은 우리가 세상에 태어났을 때 이미 본래의 바탕으로서 갖추어 있었을 것이다. 그것은 우리가 태어나기 전 과거 세상의 경험에 의해서 형성되어 온 것의 총화이다. 그렇게 보면 우리들의 현 존재는 우리가 태어난 이후와 이전의 모든 경험의 총화인 것이다. 따라서 우리들의 현 존재, 현 인격은 우리들 과거의 모든 경험과 연기의 관계에 있는 것이 되며 마찬가지로 우리들의 미래를 규정하여 가는 조건적 요소가 되는 것이다.

그리고 계속해서 말한다.

연기란 '반연하여 일어나는 것'이며 '다른 것과 관계해서 일어나는 현상계의 존재'이다. 인생의 모든 현상은 반드시 일어나게 될 조건과 원인 아래에서 연기의 법칙에 따라 일어나는 것이다. 신들이 현상의 생멸 변화를 맡는다든가, 숙업(宿業)이나 그 밖의 원인으로서 현상의 움직임이 숙명적으로 미리 결정되어 있다든가, 현상의 변화에는 어떠한 원인도 조건도 없으며 모두가 무궤도적으로 돌발하는 우연에 지나지 않는다든가 하는 것은 아니다. 어떠한 원인과 조건에서 어떠한 현상이 생기고 또 멸하는가 하는 현상의 움직임에 관해 올바른 지식을 얻는다면 그 현상이 움직이는 법칙에 따라 욕심내지 않고 좋지 않은 현상을 제거하며 바라고자 하는 좋은 현상을 우리들의 손으로 실현시킬 수 있을 것이다. 즉 연기의 이법에 관하여 본다면 우리들의 생사윤회의 괴로움을 벗어나 해탈열반의 즐거움을 얻을 수 있다. 석존에 의해서 발견된 연기의 이법은 이러한 것이었고, 석존은 그렇게 깨달음을 얻어 부처가 된 것이다.

우리가 불교에서 설하는 연기의 이법과 행동심리학에서 말하는 학습의 원리를 인과의 법칙 또는 연합의 법칙이라고 보거나 불교와 행동심리학이 모두 일원론에 속한다고 하는 사실에서 보면, 왜 불교와 불교의 수행법을 행동심리학의 관점에서 해석하고 행동치료의 방법으로 적용할 수 있는가에 대한 이론적 근거를 발견할 수 있게 된다.

행동심리학을 '행동주의' 심리학이라고 부르는 것처럼 행동심리학은 인지를 신뢰하지 않는다. 이는 선에서 교외별전(敎外別傳) 불립문자(不立文字) 직지인심(直指人心) 견성성불(見性成佛)이라고 하는데 경전 밖에 따로 전하는 것이 있으며, 문자에 의존하지 않고, 사람의 마음을 곧장 가리킴으로써 자성을 보고 부처를 이룰 수 있다고 하는 것과 비교해 볼 수 있다. 불교에서의 깨달음이란 인지에 의존하는 것이 아니라 직접적인 체험을 통한 행동의 변화임을 지적하는 것이다.

인간의 마음이 이전 행동 경험의 결과라면 그것을 변화시키는 방법 역시 새로운 경험에 의존할 수밖에 없다. 구도를 위하여 출가하는 일, 스승을 찾는 일, 좌선하는 일, 화두를 드는 일 모두 새로운 내적 · 외적 체험을 통한 탈학습 또는 재학습을 위한 것이다. 만일 누가 깨달음을 얻었다고 하면서도 그의 행동에 변화가 없다면 그것은 진정한 의미의 깨달음이 될 수 없다. 깨달음이란 인지의 변화를 뜻하는 것이 아니라 무념으로 자신의 행동이 법에 일치하게 되는 것이기 때문이다. 학습 및 행동심리학이 '행동주의'인 것처럼 선 역시 행동주의이다.

원효 대사는 일체유심조라는 깨달음으로 부처가 무엇이며 달마가 왜 동쪽으로 왔는가에 대한 화두를 풀었다. 이제 그에게는 오직 두 가지 과제만 남는다. 그의 깨달음을 보존함으로써 다시는 오온연기, 즉 '조건화되고 학습된' 마음에 의하여 속지 않도록 하는 것과 '천상천하

유아독존(天上天下唯我獨尊)!' – 내가 곧 우주이며 우주가 곧 나라고 하는 – 즉, 모든 것이 어떤 장애도 없이 서로 회통하는 사사무애법계에서 자타나 내외나 성범이라는 경계도 없이 안심하고 자유롭게 사는 일이다. 원효는 본래 벌거벗은 자기의 본래 면목을 보게 된 것이다.

달마 대사의 제자인 혜가(慧可) 스님이 어느 날 스승에게 "마음이 몹시 아프다."고 호소하자 대사는 그 아픈 마음을 "이리 내어 보여라."고 명한다. 제자가 그렇게 마음을 내어 보일 수는 없다고 말하자 스승은 "마음이란 본래 없는 것!"이라는 것을 제자에게 확신시키고 "내가 너를 이제 안심시켜 주었느니라."라고 했다.

마음이란 사람들이 오랫동안 그렇게 믿어 온 바와 같이 '신들린 것'처럼 밖으로부터 들어온 것이 아니며, 출생과 동시에 고정된 것도 아니다. 개인의 경험과 학습에 따라 형성된 것이고 또한 새로운 경험과 더불어 계속 변해 가는 것이다. 달마 대사는 마음을 자기 내면의 어떤 고정된 실체처럼 믿고 있는 제자에게 마음이란 '본래 없는 것'이란 말로 제자의 마음에 대한 미신을 제거해 주었다. 불교의 핵심은 – 인류가 오랫동안 그렇게 믿고 있었던 것과는 다르게 – 우리의 몸이 지수화풍, 사대의 '모임'으로 되어 있고 또한 계속 인과의 법칙에 따라 변해 가고 있는 것과 같이 인간의 마음 역시 오온, 색수상행식의 '쌓임'으로 계속 변해 가는 과정에 있다는 가르침에 있다. 달마 대사는 제자에게 마음이란 본래 없는 것임을 깨닫게 함으로써 마음에 의하여 고통을 받고 있는 그가 그 아픔 역시 숙명적인 것이 아니라 자신이 스스로 만든 것이며 고통 또한 스스로 통제할 수 있는 유심조의 결과임을 깨닫고 안심하게 한 것이다. 석가모니가 연기와 무아를 설하고 고집멸도, 사성

제(四聖諦)를 설한 연유 또한 거기에 있다.

불교의 대치법과 대법, 그리고 상호제지의 원리

초기 불교의 수행법들은 육체적 욕망은 부정관으로 대치(對治)하고 분노는 자비관으로 대치한다는 대치법이 특징이다. 수행을 방해하는 다섯 가지 방해물, 즉 오개(욕정, 분노, 잠, 들뜸, 의심)를 통제하는 방법이나 수행을 위한 칠각지(七覺支) 역시 대치법이다. 선비요경(禪秘要經)(柳田, 1984)에서 "사람이 열병으로 고생할 때는 청랭(淸冷)의 관을 하게 하고, 냉병을 앓을 때는 열상(熱想)의 관을 하게 하고, 색상(色相)에는 독사관이나 부정관을 하게 하고, 미식(美食)을 즐기는 자에게는 뱀이나 벌레가 우글거리는 관을 하게 하고, 호의(好衣)를 즐기는 자에게는 열철(熱鐵)이 몸에 감기는 관을 시킨다."고 하는 것도 대치법이다. 탐진치를 삼학(三學)에 속하는 팔정도(八正道)로 대치하게 하는 것도 그렇고, 무명에 반연하여 일어나는 유전연기의 결과인 노사우비고뇌를 지혜로 멸하게 하는 방법인 환멸연기 역시 대치법이다.

혜능 선사는 육조단경에서 제자들에게 법문을 설하는 법을 가르치며 "모든 법을 설하되 성품과 모양(性相)을 떠나지 말지니라. 만약 사람들이 법을 묻거든 말을 다 쌍(雙)으로 해서 모두 대법(對法)을 취할지니, 가고 오는 것이 서로 인연한 것이니 필경에는 두 가지 법을 다 없애고 다시 가는 곳마저 없게 할지니라."하고, 자성(自性)이 일으켜 작용하는 대법에는 다음과 같은 것이 있음을 밝혔다.

자성이 일으켜 작용하는 대법에 열아홉 가지 있나니, 삿됨과 바름이 상대요, 어리석음과 지혜가 상대이며, 미련함과 슬기로움이 상대요, 어지러움과 선정(禪定)이 상대이며, 계율과 잘못됨이 상대이며, 곧음과 굽음이 상대이며, 실(實)과 허(虛)가 상대이며, 험함과 평탄이 상대이며, 번뇌와 보리가 상대이며, 사랑과 해침이 상대이며, 기쁨과 성냄이 상대이며, 주는 것과 아낌이 상대이며, 나아감과 물러남이 상대이며, 남(生)과 없어짐(滅)이 상대이며, 항상함과 덧없음이 상대이며, 법신(法身)과 색신(色身)이 상대이며, 화신(化身)과 보신(報身)이 상대이며, 성품과 모양(性相)이 상대이니라.

유정, 무정의 대법인 어(語), 언(言)과 법(法), 상(相)에 열두 가지 대법이 있고, 바깥 경계인 무정(無情)에 다섯 가지 대법이 있으며, 자성을 일으켜 작용하는 데 열아홉 가지의 대법이 있어서 모두 서른여섯 가지 대법을 이루느니라. 이 삼십육 대법(對法)을 알아서 쓰면 일체의 경전에 통달하고 출입에 바로 양변(兩邊)을 떠나느니라. 어떻게 자성이 기용(起用)하는가?

삼십육 대법이 사람의 언어와 더불어 함께하나 밖으로 나와서는 모양에서 모양을 떠나고, 안으로 들어와서는 공(空)에서 공을 떠나니, 공에 집착하면 다만 무명만 기르고 모양에 집착하면 오직 사견(邪見)만 기르느니라.

더러는 법(法)을 비방하면서 발하기를 '문자(文字)를 쓰지 않는다'고 말한다. 그러나 정녕 문자를 쓰지 않는다(不立文字 또는 不用文字)고 말한다면 사람이 말하지도 않아야만 옳을 것이니, 언어가 바로 문자이기 때문이다.

자성에 대하여 공(空)을 말하나, 바로 말하면 본래의 성품은 공(空)하지도 않으니, 미혹하여 스스로 현혹됨은 말들이 삿된 까닭이니라. 어둠이 스스로 어둡지 아니하나, 밝음 때문에 어두운 것이니라. 어둠이 스스로 어둡지 아니하나 밝음이 변화함으로써 어둡고, 어둠으로써 밝음이 나타나나니, 오고감이 서로 인연한 것이며 삼십육 대법도 또한 이와 같으니라.

대치나 대법은 불교가 고통의 문제를 해결하는 심리학적 방법으로 그 원리를 알게 되면 누구나 이 방법을 적용하여 고통으로부터 자신을 스스로 구할 수 있게 되는 것이다. 불교는 본래 자력(自力)으로 자신을 구하게 하는 것이기 때문에 불교의 수행법은 자연히 자기치유의 성질을 띄게 된다.

대치와 대법은 불교 및 행동심리학에서와 같이 몸과 마음은 항상 병행하며 인과의 관계에 있다고 하는 불이(不二) 또는 '이것이 있음으로 저것이 있고, 저것이 있음으로 이것이 있으며, 이것이 없어짐으로 저것이 없어지고, 저것이 없어짐으로 이것이 없어진다'는 인과의 법칙이 객관적 사실이 아니라고 하면 적용될 수 없는 원리다. 불교와 행동심리학에서 몸과 마음은 둘이 아니라고 하는 사실의 발견은 이원론적 사고방식, 즉 육체와 정신은 서로 별개로 분리되어 있다는 무지를 버리지 않는 한 해결할 수 없던 많은 문제를 해결할 수 있게 된다.

혜능 선사가 단경에서 "이 삼십육 대법(對法)을 알아서 쓰면 일체의 경전에 통달하고 출입에 바로 양변(兩邊)을 떠나느니라."라고 한 말에서 대치와 대법의 원리가 불교를 이해함에 있어서 그리고 불교의 다양한 수행법을 과학적으로 이해하는 데 있어서 중요한 역할을 한다는 사실을 알게 된다.

대치나 대법은 학습 및 행동심리학에서 보면 상호제지(相互制止)의 원리이다. 동시에 일어날 수 없는 서로 반대되는 행동이나 반응을 짝으로 하여 그중 한 가지를 강화하거나 약화시킴으로써 반대쪽에 있는 것을 감소 및 증가시키는 것이다. 예를 들어 협동하는 행동과 싸우는 행동은 동시에 일어날 수 없는 상반(相反) 관계에 있다. 협력하는 행동을 강화하면 싸우는 행동은 자연히 감소할 수밖에 없다. 욕정을 부정관으로 대치하게 하는 불교의 수행법을 예로 들어 보자. 욕정이 일으키는 반응과 자기의 육체가 더럽다고 생각할 때 일어나는 신체적 반응은 동시에 일어날 수 없는 것이다. 그러므로 육체가 더러운 것이란 생각이 욕정을 이길 수 있을 만큼 강해지면 욕정은 스스로 사라지게 된다. 현재 금연을 강화하는 방법으로 담뱃갑에 폐암 환자의 흉측스런 폐인 사진을 인쇄해 넣는 것은 욕정을 부정관으로 대치하는 전형적인 방법이다. 분노를 자비관으로 다스리게 하는 것도 동일한 원리에 근거한다. 대치나 대법은 불교나 행동심리학에서 법이라고 하는 것과 같이 인간의 몸과 마음은 항상 병행한다는 인과의 법칙이 객관적 사실이 아니라면 적용될 수 없는 방법이다. 이 책 역시 대치와 대법을 이용한 치유법으로 특징을 이루고 있다.

망상의 세계와 현실의 세계

인간은 누구나 차이는 있지만 서로 일치하지 않는 두 가지 세계에 한 발씩 걸치고 살고 있다. 망상의 세계와 현실의 세계다. 전자에 가까울수록 망상과 현실 간의 큰 괴리 때문에 현실에 적응하기 어렵게 된다. 물리학자로 유명한 아인슈타인(A. Einstein)은 다음과 같이 말하고 있다(Peper & Holt, 1993에서 재인용).

> 인간이란 우리들이 소위 '우주'라고 부르는 총체의 일부로서 시공간적으로 제한을 받고 있다. 그러나 인간은 자기 나름대로 경험하고 자기의 생각과 감정을 가

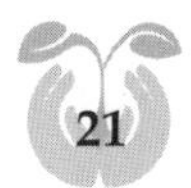

> 지게 됨으로써 스스로를 모든 것으로부터 분리시키는 의식상의 시각적 망상을 가지게 된다. 이 망상이 자신의 개인적 욕망으로 눈을 어둡게 하고 주위에 가까이 있는 몇 사람에게만 관심을 가지도록 구속하는 감옥과 같은 역할을 하게 된다. 우리들이 성취해야 할 과제는 열정의 폭을 넓혀 살아 있는 모든 창조물과 자연 전체의 아름다움을 가슴 가득히 끌어안을 수 있도록 해야 한다는 것이다.

인간을 우주와의 총체적 관계에서 보면 해나 달 혹은 지구가 만유인력에 의하여 무아로 움직이는 것과 같이 인간 역시 자연의 법칙에 따라 무아로 움직이게 되어 있다. 뒤집어 말하면 인간은 어떤 생각도 일으키지 않을 때, 그리고 허망한 생각으로 본래 우주와 회통(會通)하게 되어 있는 자성을 방해하지 않을 때 가장 정확하게 무상한 환경에 적응할 수 있게 된다는 것이다.

연기와 무아는 우주의 법칙이다. 불교는 아인슈타인이 지적하고 있는 것처럼 '인간은 자기 나름대로 경험하고 자기의 생각과 감정을 가지게 됨으로써 스스로를 모든 것으로부터 분리시키는 의식상의 시각적 망상'을 제거함으로써 그러한 망상에서 오는 적응상의 문제를 해결하도록 하는 데 그 목적이 있다.

우리가 일상적으로 느끼고 경험하는 것은 '땅이 움직이는 것이 아니라 하늘이 움직이는 것'이다. 인간이 현상학적으로 느끼고 경험하는 것을 진실이라 착각하고 주장하게 되면 그것은 무지와 미신이 되어 고통으로 되돌아온다. 그러나 오늘날 과학자들이 발견한 것처럼 '하늘이 움직이는 것이 아니라 땅이 움직인다'는 객관적 법칙에 자신을 일치시킬 수 있다면 인간은 그 법에 따라 안심하고 살 수 있게 된다. 불교에서 말하는 연기의 이법 역시 마찬가지다. 우주에 의하여 시공간적 통제를 받게 되어 있는 인간이 '인간은 본래 무아(無我)로 인연(因緣)의 힘에 따라 움직이게 되어 있다'는 사실을 알고 자신을 무아 또는 공(空)으로 내려놓게 되면 그간 허망한 생각에 의하여 방해를 받고 있던 자성이 본래의 지혜를 나타내게 된다. 이것이 견성(見性)이라는 불교 수행의 궁극적 목적이다.

허망한 생각이 해나 달과 같이 밝은 자성을 방해한다는 사실은 오늘날의 인지치료자들도 주장한다. 개인의 불행은 개인이 처한 환경 자체에 기인하는 것이 아니라 개인이 환경을 어떻게 지각하며 판단하는가에 달려 있다고 인지치료자들은 지적한다. 인간은 스스로의 생각으로 자신을 괴롭히는 데 천재적인 자질을 가지고 있다. 개인이 가진 비합리적 신념이나 왜곡된 인지 구조가 고통의 원인이다. 인지치료자들은 비합리적인 신념이나 왜곡된 인지 구조를 합리적인 신념, 정상적 인지 구조로 전환하게 함으로써 고통의 문제를 해결할 수 있다고 보고 있지만 불교, 특히 선불교에서는 한발 더 나아간다. 인간의 말과 생각은 이미 모든 것을 이원론적 · 분별적 사고방식으로 지각하고 판단하도록 구조화되어 있는 것이므로, 생각을 일으키거나 말을 하는 즉시 그것은 모든 것이 불이(不二)의 인과관계에 있다고 하는 법에 일치하지 않는 행동과 감정을 일으키게 된다고 보는 것이다. 그것이 분별심에서 오는 탐욕과 분노 그리고 어리석음이란 본성에 위배되는 세 가지 독소(毒素)이다. 간화선(看話禪)에서 말과 생각을 끊게 하는 이유가 거기에 있다.

인간은 현실 세계에 적응하게 되어 있다. 우리의 일거수일투족이 우

주의 시공간적 통제를 받으며, 우리는 우주의 물리적 · 화학적 법칙에 따라 움직이게 되어 있다. 우리의 육근, 안이비설신의가 모두 육경, 색성향미촉법이라는 물리적 · 화학적 조건에 적응하게끔 설계되어 있다. 눈은 카메라의 기능을 하고, 귀는 북의 기능을 하고, 코와 혀는 화학적 성분을 분석하는 기능을 하게 되며, 몸은 중력에 반응하는 기능을 하고, 우리의 뇌는 이 모든 물리적 · 화학적 자극을 검색 및 통제하는 역할을 한다. 불교에서 외연기(外緣起)와 내연기(內緣起)라는 말로 인간의 육체나 마음이 모두 연기의 법칙을 따른다고 하는 것처럼 인간의 행동이나 마음도 마치 화살이 공중에 날아가다가 중력에 의해 땅에 떨어지는 것과 같은 물리적 · 화학적 법칙을 따른다. 생각을 일으키지 않는다는 것은 곧 본래 빈 자성이 무상한 환경에 정확하게 적응할 수 있도록 자신을 조율하는 기술을 배우는 것과 같다.

우리가 얼음 위에서 자유자재로 달리거나 춤을 추기 위해 생각을 일으키지 않고 어떤 허망한 생각도 차단함으로써 무아의 상태로 자신의 몸을 바람이나 중력과 같은 물리적 조건에 순간순간 일치시키도록 조율하는 기술을 습득하는 것이다. 의사도 위험한 수술을 할 때는 무아가 된다. 산악인도 절벽을 기어오를 때는 무아가 된다. 복잡한 숫자를 다루는 계리사도 일을 할 때는 무아가 된다. 뱃사공도 배를 바르게 몰기 위해서 무아가 된다. 악기를 연주하는 사람도 무아가 된다. 무아가 되지 않으면 마음을 안정시키고 주의를 집중시킬 수 없다. 무아가 되어 자기 자신과 자기가 하는 일 사이가 자타나 내외, 주객이라는 어떤 경계도 없이 하나로 통합될 때 최고의 수월성이 발휘된다. 선에서는 '평상심이 곧 도(道)'라고 선언한다. 평상심이란 자기가 하는 일에 '억지로 애씀'이나 '인위적 노력'이 개입되지 않음을 의미한다. '억지로 애씀'이 없기 때문에 조급함이나 긴장, 불안이 있을 수 없다. 단지 무아로 순리를 따르는 것이다. 어떤 일이든 '억지로 애씀'으로써 성취할 수 있는 일은 없다. 월드컵과 같은 축구 시합을 할 때도, 부부가 침실에서 사랑을 나눌 때도 그렇다. 무아로 축구를 하고, 무아로 춤을 추고, 무아로 그림을 그리고, 무아로 집을 짓고, 무아로 사랑을 나눌 때 가장 원만하고 아름다운 결과를 얻는다. 긴장, 불안, 갈등이나 좌절감, 압박감과 같은 스트레스는 모두 '억지로 애씀'이나 '인위적 노력'에서 온다. 그 결과는 오히려 실패의 원인이 된다.

화엄경에는 선재동자가 모든 것을 아는 지혜, 즉 일체지지(一切智智)를 얻기 위하여 53인의 선지식(善知識)을 찾아간다(법정, 2002). 선재동자가 찾아간 53인의 스승 중에는 왕도 있었고, 현자도 있었고, 이교도도 있었고, 뱃사공도 있었고, 심지어 매춘부도 있었다. 그들의 직업은 서로 달랐지만 하나의 공통점이 있었는데 모두 자기가 하는 일에 있어서만큼은 최고의 달인(達人)이 되어 있었다고 하는 사실이다. 불교에서 말하는 무아나 공 또는 공의 지혜는 불교에만 한정되어 있는 것이 아니다. 일체지지는 현실을 바로 보지 못하게 방해하는 허망한 생각, 즉 망상만 제거되면 누구에게나 자성으로 나타나게 된다. 평상심이란 '억지로 애씀'으로 스스로를 방해하지만 않으면 자신의 내면에서 샘물처럼 흐르게 될 일체지에 의지하여 살게 되는 완벽한 삶을 뜻한다. 선은 닦기 위하여 수고할 필요도 없는, 오직 태어날 때 이미 완전했던 본래 자성을 자신의 허망한 생각으로 스스로 더럽히지만 않으면 되는 것이다.

유기체로 비유되는 우주

화엄경은 우리가 속한 현상계를 네 가지 법계, 즉 사법계(四法界)로 분석하고 있다. 첫째, 사법계(事法界)는 우리가 일상적 눈으로 보고 귀로 들을 수 있는 물질계를 말한다. 둘째, 이법계(理法界)는 우리가 눈이나 귀로 직접 보고 들을 수는 없다. 예를 들어, 지구가 자전하면서 태양의 주위를 돈다든가 만유인력에 의하여 사과가 나무에서 떨어진다든가 하는 등 현상계 이면에 존재하는 우주 또는 자연과학적 법칙을 말한다. 셋째, 이사무애법계(理事無碍法界)는 이(理)로서의 본질과 사(事)로서의 현상이 '등(燈)'과 '등불'의 관계에 있어서처럼 체(體)와 용(用) 또는 본질과 현상의 관계로 존재하고 있음을 말하며, 마지막 사사무애법계(事事無碍法界)는 이(理)를 본질로 한 사물들이 장애 없이 서로 소통하여 인과의 관계에 있음을 말한다. 마치 수소(H)와 산소(O)가 결합하여 '물(H_2O)'이 되거나 만유인력에 의하여 사과가 나무에서 떨어지는 것과 같은 것이다. 화엄경에서 기술하는 사법계는 인간이 속해 있는 우주나 사회를 우리의 몸과 같은 하나의 유기체(有機體)로 본다.

우리의 몸은 오장육부로 구성되어 있고, 오장육부는 또한 무진장의 세포들로 구성되어 있다. 그리고 각각의 작은 세포 안에는 개인 전체를 대표하는 유전인자들, 즉 DNA가 들어 있다. 유기체와 유기체에 속한 부분과 부분, 그리고 부분과 전체의 관계를 일즉다(一卽多) 다즉일(多卽一)이라 부른다. 몸을 이루고 있는 각 부분들의 구조와 기능은 서로 다르다고 할지라도 부분들은 자타나 내외, 미추나 귀천 및 성범이라는 어떤 분별도 없는 무아 또는 공(空)으로 서로 소통하며 '이것이 있음으로 저것이 있다'는 인과(因果)로 형성되어 있다. 비록 오른손이 왼손보다 일을 많이 할지라도 오른손의 수고로 번 돈으로 금반지를 사서 약한 왼손에 끼워 주는 것이 사사무애법계 또는 유기체로 비유되는 세계다. 몸의 어떤 작은 부분이라도 손상되면 몸 전체가 거기에 집중하고 배려하며 치유한다.

화엄경의 사법계 또는 유기체에 비유되는 우주를 상징적으로 가장 잘 표현하고 있는 것이 동양의 전통적 우주관이자 한국의 국기인 태극도다.

우리는 태극도에서 사법계를 볼 수 있다. 태극도는 사법계와 이법계, 그리고 이사무애법계와 사사무애법계가 무엇을 뜻하는지 잘 보여준다. 태극도에서 우리는 모든 사물의 본질로서의 공을 알게 되며, 모든 것의 본질이 공이기 때문에 모든 것이 연기하며 '이것이 있으므로 저것이 있다'는 인과의 관계를 형성하게 된다는 사실도 알게 된다. 태극도는 우주를 상징하는 동시에 우주 안에 존재하는 모든 사물의 본질이 무엇인가를 대표하기도 한다.

모든 것은 전체와의 불가분 관계에서 존재한다. 이러한 일즉다 다즉일의 통합적 관계에서는 자타나 내외라는 분별이 따로 있을 수 없다. 우리가 우리 자신이 속한 우주나 사회를 사사무애법계나 유기체로 볼 때는 거기에 '자기'라는 전체로부터 분리된 자아라는 것이 따로 있을 수 없다. 이것을 불교에서는 무아라 하기도 하도 공이라 하기도 하며 자성이라 하기도 한다. 공무아는 연기하는 법계의 본질이 아닐 수 없다. 그러나 인간은 스스로 허망한 생각을 일으켜 자기를 전체로부터 분리시키고 법에 일치되지 않는 망상적 행동을 하게 된다. 이것은 마

그림 1 태극도

치 현실과 망상을 분별하지 못하는 정신병자의 행동과 같은 것이다. 만일 인간이 자신과 우주와의 관계가 무엇인지를 정확하게 볼 수 있다면 불교에서 왜 '인간은 본래 무아로 인연(因緣)의 힘에 따라 움직인다'고 하거나 자성을 왜 텅 빈 무아나 공으로 보는지 알 수 있다. 개인이 '자기'라는 것을 고집한다면 유기체로 비유되는 사회나 우주에서 살 수 없다. 사과는 만유인력에 의하여 무아로 땅에 떨어진다. 인간 역시 우주의 법칙에 따라 무아로 움직이도록 그렇게 설계되어 있다. 한의학(韓醫學)에서는 우주와 인간을 동일시함으로써 음양오행(陰陽五行)이라는 원리로 인간의 몸과 마음을 치유하고 있다. 이 역시 우리가 신토불이(身土不二)라고 하는 것처럼 인간과 우주가 불이의 관계에 있다는 사실에 바탕을 둔 것이다.

불교에서 도(道)를 따른다고 하거나 자신을 법(法)에 일치하게 한다는 것은 곧 사사무애법계 또는 유기체로 비유되는 우주의 법칙에 자신의 행동과 감정, 그리고 마음을 일치하게 함으로써 어떤 장애도 없이 연기하는 세계 또는 무상한 환경에 자신을 가장 정확하게 적응할 수 있도록 한다는 것이다. 그 결과로 얻게 되는 것은 이웃과 평화를 이루며 사는 것이고, '억지로 애씀'이나 '인위적 노력'이 배제될 때 얻게 되는 심신의 안정과 건강이며, 자연의 법칙에 순응하게 될 때 얻게 되는 '모든 것을 아는 지혜'이다. 이를 무아의 지혜, 공의 지혜, 또는 반야의 지혜라 부른다.

도에 들어가는 두 가지 방법

달마 대사는 도에 들어가는 두 가지 방법, 이입사행론(二入四行論)을 설한다(柳田, 1984). 행입(行入)으로서의 사행(四行)은 보원행(報怨行), 수연행(隨緣行), 무소구행(無所求行), 칭법행(稱法行)이다. 수행자가 자신의 내적 대화 및 지시를 통하여 남에게 원망스러운 생각이 생기거나, 불행한 일로 마음이 어지럽게 되거나, 욕심이 일어나면 그때마다 각각 그러한 법에 일치되지 않는 생각이나 행동을 스스로 통제할 수 있도록 하고, 법이 결코 인색하지 않은 것과 같이 자기가 가진 모든 것으로 이웃을 위해 보시하도록 하는 내용으로 되어 있다. 사행은 초기불교의 대표적 수행법인 사념처(四念處)와 비교되는 것(柳田, 1984)으로서 생각으로 생각을 다스리는 인지-행동적 접근법의 형태를 지니고

있다.

이입(理入)으로서의 벽관(壁觀)은 '내적 마음을 긴장시켜' 밖으로나 안으로부터 어떤 오염된 생각이나 계교가 일어나지 않도록 차단하는 것이다. 이입은 혜능 선사가 좌선이란 무엇인가를 **육조단경**에서 정의한 것과 같이 '밖으로 모든 경계 위에 생각을 일으키지 않고, 안으로 본래 성품을 보아 어지럽지 않음'과 병행되는 무념행이다. 달마 대사의 행입과 이입은 행동치료에서 인지를 이용한 인지-행동적 접근법(Meichenbaum, 1977), 인지를 조금도 수용하지 않는 극단적 행동주의 심리학자들(Skinner, 1950)의 행동 수정과 비교된다. 달을 보게 하기 위해서는 우선 달을 가리키는 '손가락'이 필요한 것처럼 – 인간의 생각과 무관한 것이지만 – 법에는 자기 지시와 같은 인지적 통제가 필요하다.

이입의 다른 한 가지 형태로 중국의 선불교를 대표하는 간화선이 있다. 간화선은 불교의 전통적 수행법인 좌선을 통해 깨달음에 이르기 어려운 제자들의 수행에 스승이 직접 개입하는 것이다. 스승이 제자들의 근기(根機), 개인차에 따라 옛 조사들이 제자들의 질문이나 행동에 대한 반응으로 보여 준 언행 중 한 가지를 화두로 선택해 주며, 수행자가 하루 종일 무엇을 하든 그것을 의심하고 또 의심하게 하는 과정에서 어떤 기연(機緣)을 만나 '문득' 깨닫게 하는 방법이다. 간화선은 스승이 제자들 간에 서로 다른 이전 행동 경험과 근기를 각각 파악하고, 개개인의 근기에 맞는 화두 한 가지를 선택하여 주고 그가 깨달음에 이르게 될 때까지 그들의 수행 과정을 개인적으로 감독하고 지도한다는 것이 특징이다. 불교의 전통적 수행법이 좌선과 같은 자력에 의존한다는 점에 비하면 간화선은 스승이 제자들의 수행에 직접 개입한다는 점에서 타력(他力)에 의존하게 하는 방법이다. 간화선 수행법은 옛 조사들이 제자들의 질문, 예를 들어 "부처가 무엇입니까?"에 대해 "똥 마른 막대기!"라고 하거나, 고함을 지르거나, 방망이로 내려치는 기이한 행동을 의심하고 또 의심하게 하는 것이다. 부처가 무엇인지, 개에게도 불성이 있는지를 묻는 질문 속에는 이미 법에 일치하지 않는 부처와 중생이라는 성과 범, 그리고 귀천이라는 분별적 관념이 함유되어 있다. 그것을 아는 조사들은 그러한 질문을 당연히 처벌하거나 무시하게 되지만, 아직도 조사들의 의도를 이해하지 못한 제자들은 그들이 미처 기대하지 못했던 조사들의 그러한 언행에 당황하며 때로는 분노까지 느끼게 된다. 그러나 선기(禪氣)가 무르익은 제자들의 경우, 조사들의 그러한 언행이 그들에게 이심전심으로 무엇을 상기하게 하는지 단번에 알아차리고 감사를 표하게 된다.

화두의 내용이 되는 조사들의 언행에는 몇 가지 요인이 내포되어 있다. 우선 제자들의 분별심을 차단하는 것이다. 화두에 집중하여 자신이 의심 덩어리가 된 채 잠을 자면서도 화두를 놓지 않게 되면 마치 '내적 마음을 긴장'시켜 어떤 오염된 생각도 들어오지 못하게 하는 벽관과 같이 마음이 하나로 통합된다. 이렇게 마음이 고요한 상태에서 한밤중에 목침이 마룻바닥에 떨어지는 것과 같은 기연을 만나게 되면, 육경과 육근 사이에 어떤 자타나 내외라는 분별심도 개입될 수 없는 '벌거벗은' 몸 그대로 그 소리와 하나가 되어 울림을 체험하게 된다. 이러한 경지를 '산은 산, 물은 물'로 표현할 것이다. 그 결과, 처음에는 수수께끼와 같았던 조사들의 언행이 실은 자기의 질문에 대한 신실한 대답이었음을 알게 되어 자신을 깨달음에 이르게 한 스승에게 감사하게

된다.

분별심이나 깨달음 모두 연기 또는 학습의 결과다. 분별심이 십이연기(十二緣起)와 같은 유전연기, 즉 이전 행동 경험이 쌓인 것에 의한 학습의 결과라면, 깨달음이란 선지식을 만나 올바른 법문을 열어 무명(無明)에서 벗어나게 된 환멸연기, 즉 스승의 가르침이라는 새로운 환경 조건에서 '이전에 배워 익힌' 분별심이 제거된 행동 변화를 의미한다. 환멸연기를 심리학적 용어로 정의한다면 소거(消去)이다. 조건화되고 학습된 행동이 소멸됨으로써 본래의 모습으로 되돌아가는 것이다. 이는 행동치료에서 어떤 사물이나 상황에 조건화된 공포증을, 공포 반응과 동시에 일어날 수 없는 이완 반응으로 약화시켜, 마침내 공포증이 생기기 이전의 상태로 돌아가게 되는 것과 같다. 이와 마찬가지로 불교에서 제거하고자 하는 망심 역시 본래 불성과 다름없는 본심이 경험에 의하여 어딘가에 엉기거나 집착된 것에 불과하므로 망심을 본심으로 회복하게 하는 불교의 수행 방법은 소거 또는 탈학습의 형태를 띄지 않을 수 없다. 초기 불교에서, 예를 들어 욕정을 부정관(不淨觀)으로 대치(對治)하게 하거나 분노를 자비관(慈悲觀)으로 대치하게 하는 방법이나 선불교에서 무념으로 생각을 끊게 하는 방법을 사용하고 있다. 즉, 모두 서로 상대되는 것을 쌍(雙)으로 대법(對法)을 이루게 하여 그 중 한 가지를 유지하게 함으로써 상대적인 것을 없애고 마침내 양변(兩邊)을 모두 없애도록 하고 있다. 이는 상호제지(相互制止)의 원리를 이용하는 것이다. 그것이 '오염' 또는 조건화된 육경과 육근을 정화시켜 다시 '있는 그대로' 볼 수 있게 하는 방법이다.

선지식을 만난다는 것은 새로운 경험이며, 스승의 지도를 받는다는 것도 새로운 경험이고, 화두를 든다는 것도 새로운 경험이다. 개인마다 다른 수행자의 근기 역시 개인적 행동 경험의 결과이며, 수행 중에 어떤 기연을 만나게 되어 깨닫는 것도 경험의 결과이다. 어떤 것도 우연히 일어나는 것은 없다는 것이 연기의 법칙이다. 깨달음이란 것도 깨달음이란 행동 변화가 일어날 만한 원인과 조건하에서만 일어나게 된다. 스승이 수행자의 근기에 따라 화두를 선택하여 준다는 이유 역시 거기에 있다. 졸탁동시(啐托同時)라는 말이 있다. 제자들은 불교의 대의가 무엇인지 알고 팔정도나 사념처가 가르쳐 주는 것과 같은 대의에 일치되는 행동을 하기 위해 노력해 왔다. 그러나 그것만으로는 충분하지 않다. 불도의 대의는 혜능 선사가 좌선이 무엇인가를 정의함에서 볼 수 있는 것과 같이 '밖으로 모든 경계 위에 생각이 일어나지 않고, 안으로 본래 성품을 보아 어지럽지 않음'이라는 견성에 있다. 스승은 이 마지막 단계의 수행에 개입하여 제자들이 무아나 공 또는 무념의 경지가 무엇을 의미하는지 직접 체험할 수 있도록 산파의 역할을 맡는 것이다. 깨달음은 강제할 수 없다. 스승의 방이나 할 또는 '무(無)'가 그들이 알을 깨고 밖으로 나와 자유자재할 수 있게 기능을 발휘할 수 있는가 없는가는 오직 제자들의 준비 여하에 달려 있다. 다음과 같은 선문답이 있다.

> 임제 스님이 한 스님에게 물었다. "어떤 때의 일할(一喝)은 금강왕의 칼과 같고, 어떤 때의 일할은 대지 위에 웅크리고 걸터앉은 금털의 사자와 같고, 어떤 때의 일할은 어부가 염탐하는 장대와 그림자 풀과 같고, 어떤 때의 일할은 일할의 작용을 하지 않나니 너는 어떻게 아느냐?" 그 스님이 무어라고 말하려고 하니 임제 스님이 지팡이로 바로 내리쳤다.

깨달음이란 수행자의 준비성이 개입되는 극히 개인적인 경험이다. 개인에 따라 스승의 할이나 방이 수행자의 번뇌 망상을 단번에 끊고 단번에 깨닫게 하는 금강왕의 칼이 될 수도 있고, 그 반대로—준비가 되어 있지 않으면—아무 작용도 못하는 무용지물이 될 수도 있다.

간화선은 불교 수행의 마지막 단계인 무념행을 위한 것이다. 교학 중심의 초기 불교와 선불교의 무념행을 전체적으로 보면 우리가 기타라는 악기를 배울 때 겪게 되는 학습 과정과 동일한 경로를 따르게 됨을 발견할 수 있다. 기타를 배우기 위해서는 우선 기타라는 악기의 모양이나 소리 내는 방법, 악보를 읽는 방법을 익히는 등 인지적 영역의 활동이 요구된다. 그 다음 단계로서는 기타를 좋아하고 계속 연습하는 감정적 영역이 활동하게 된다. 최종적 단계는 기타와 자신이 한 몸이 되어 무아로 기타를 자유자재로 칠 수 있는 심리-운동 영역으로 들어가게 된다. 참선이란 석가모니 부처님이 그 많은 경전과 법문을 통하여 이심전심으로 깨닫도록 한 최종적 단계—즉, 기타와 연주자가 동체가 되어서 자타나 내외라는 관념조차 없는—다시 말해 경전의 대의를 무념으로 실천할 수 있는 단계로 인도하기 위함이다. 참선이란 말이 신체화되게 하는 과정이다. 무슨 일을 하든지 그 일에 달인이 되기 위해서는 그 일이 요구하는 물리적 · 화학적 법칙에 자신의 일거수일투족이 일치하도록 자신을 무아로 조율(調律)하는 기술을 체득하여야 한다는 사실은 견성 또는 참선의 목적과 일치한다. 숨을 쉬며, 아침에 일어나 세수를 하고, 옷을 입고, 밥을 지어 먹고, 화장실에 가는 등 일상적인 일에 있어서도 무아로 인과의 법칙에 순응하지 않고 성취할 수 있는 일은 없다. 평상심을 도(道)라고 선언하는 선은, 선(禪)이란 말 그대로 '마음을 안정시키고 주의를 집중하게 하는 것'이 허망한 생각이 일으키는 모든 병을 고치는 방법이자 모든 것을 아는 지혜를 얻게 하는 방법임을 가르쳐 준다. 불교의 가르침이나 수행은 육경에 조건화되고 학습된 부적응적 행동과 감정 그리고 생각을 소거시켜 육경을 '있는 그대로' 볼 수 있게 하는 방법으로 정의할 수 있다. 우리는 불교의 수행법에서 이완, 심상, 인지를 이용한 자기통제법으로 지금의 인지-행동 수정(Meichenbaum, 1977)과 병행되는 초기 불교의 수행법을 발견하게 되고, 또한 극단적인 행동주의 심리학자들(예 : Skinner, 1950)이 인지적 측면을 조금도 수용하지 않는 행동 수정에 일치되는 방법 역시 발견하게 된다. 행동 수정의 특징은 바람직한 행동을 강화하고 바람직하지 않는 행동은 무시하거나 처벌하는 것이다. 우리는 옛 조사들의 언행에서 극단적인 행동주의 심리학자들과 동일한 태도를 발견하게 된다. 화두에 등장하는 조사들의 언행은 무시와 처벌로 일관되어 있다. 이것은 제자들이 지금까지 지식이나 논리와 같은 분별심으로 모든 문제를 해결해 왔던 '일반화된 기대(期待)', 즉 이전에 학습한 지식이나 논리로 문제를 해결할 수 있으리라고 하는 분별심과는 완전히 어긋나는 것이다. 학습된 기대가 계속 무시되거나 처벌되면 좌절과 무력감을 경험하게 된다. 참선 과정에서 경험하게 되는 이러한 무력감을 '열철환을 삼킨 것' 또는 '밤송이를 통째로 삼킨 것'과 같이 토할 수도 없고 삼킬 수도 없는 답답함으로 표현하기도 한다. 옛 조사들은 수행자들이 참선을 통하여 체험하게 될 이러한 심리적 과정을 잘 알고 있었을 것이다.

깨달음은 의심의 결과인 '통찰' 또는 '각(覺)'이라는 인지적 관점에서 보면 이해하기 어려운 것이지만 학습된 기대를 무념으로 소거(消去)시키는 것과 같은 행동적 관점에서 보면 쉽다. 깨달음이란 금강경이 '보살은 보살이라고 하는 관념도 없고, 보시를 하면서도 보시를 한다는 관념도 없다'고 설하고 있는 것과 같이 의식 분별이 없어지는 것이다. 이러한 깨달음의 결과는 마치 개 공포증으로 개를 무서워하고 싫어하던 사람이 그러한 두려움이 소거된 이후 아무 생각 없이 개를 무서워하지 않으며 가까이 할 수 있게 되는 것과 같다. 깨달음이란—유전연기의 결과인—생로병사에 대한 분별 망상이 무명을 밝히는 순간에 눈 녹듯이 사라지는 것이다. 그것은 기타를 배우는 경우에 있어서와 같이—말로는 가르칠 수 없는—오직 수행자의 직접적 경험을 통한 행동 변화, 즉 '학습'으로만 가능하게 된다.

깨달음이란 단지 연기와 무아라는 법을 아는 것이 아니라 그 법에 자신을 던져 넣는 것이다. 그것이 유기체로 비유되는 사사무애법계에 들어가는 방법이다. 우리가 법에 자신을 일치하게 할 때 회복되는 지혜를 자연지라 부르기도 하고, 근본지라 부르기도 하며, 모든 것을 아는 지혜 또는 슈퍼 마인드(super-mind)라 부르기도 한다. 인간은 우주에 의하여 시공간적 통제를 받게 된다. 그래서 자신을 그러한 우주의 법칙, 연기의 법칙, 인과의 법칙에 무아로 일치시키지 않고서는 서로 의존하게 되어 있는 이웃과 하나가 되는 지혜도, 자신을 병들지 않게 하는 지혜도, 물리적 · 화학적 원리에 따라 자기 일에 달인이 되게 하는 지혜도 얻을 수 없을 것이다. 행동치료에서 이완을 만병통치약으로 적용하게 되는 이유 역시 자신을 법에 일치하게 한다는 선과 무관하지 않다. 깨달음은 한 마디로 말하면 안심(安心), 즉 마음을 쉬라고 하는 것이다. 화두로 나타나는 조사들의 모든 언행이 "이제는 제발 마음을 쉬어라."라고 하는 몸짓이다.

심리학자들은 자기치유(self-healing)에 요구되는 세 가지 심리학적 태도로 소극적 주시, 무판단적 수용, 알아차림을 제시하고 있다(Peper & Holt, 1993). 이 세 가지 태도를 간단히 설명하자면 다음과 같다.

1. 소극적 주시(passive attention) : 소극적 주시란 애써 무엇을 잘하려고 하는 태도가 아닌-'강제적' 또는 '인위적인 노력'과는 대조되는 '수용적 태도'로-자신이 지금 하는 일의 결과에 연연하지 않고 그 과정에 집중하는 태도를 말한다.
2. 무판단적인 수용(non-judgemental acceptance) : 이것은 마음에서 일어나는 어떤 현상도 말로 설명 및 해석하거나 어떤 명칭도 붙이려 하지 않으면서, 그러한 경험을 선이나 악으로 판단하지 않고 있는 그대로 나타나게 하며, 어떤 판단도 내리지 않고 기술하는 것이다. 이러한 태도는 어떤 경험을 다른 어떤 경험과 비교하지 않으며 반복되는 경험도 매양 새로운 것으로 경험할 수 있도록 하는 것이다. 이러한 태도에는 "왜냐하면…"이라든가 "그렇지 않으면 안 된다."라든가 "그 이유는?" 등 논리적으로 따지거나 물으려고 하는 마음으로부터도 자유롭다. 또한 그러한 분별적 사고나 감정이 일어나면 강제적으로 밀어내려 하지 않고 그것조차 부드럽게 수용함으로써 스스로 물러나게 한다.
3. 알아차림(mindfulness) : 이는 현재에 머물며 깨어 있는 상태로 어떤 심상이나 감정에 사로잡히거나 빠지지 않고 순간순간 무엇이

> 일어나고 있는지를 인식하는 것이다. 현재에 머문다고 하는 말의 참뜻은 어떤 기대나 생각도 없으며 마음에 어떤 동요함도 없음을 의미한다.

우리는 심리학자들이 자기치유의 심리학적 요인이라고 부르는 이 세 가지 태도가 불교에서 말하는 지관(止觀)이나 정혜(定慧)에 일치됨을 쉽게 발견할 수 있다.

불교에서의 깨달음이란 학습 원리에 대한 올바른 깨달음과 유사하다. 인간은 환경에 의하여 통제된다는 것, 본심은 비어 있다는 것, 본심이 이전 행동 경험으로 어딘가에 엉기고 집착되어 망심이 된다는 것, 인간의 마음이나 성격은 모두 개인의 이전 행동 경험의 쌓임에 불과하다는 것, 몸과 마음은 항상 병행하게 되어 있다는 것, 인간의 행동 역시 물리학이나 화학의 법칙과 같은 연합 또는 연기의 법을 따른다는 것, 인간의 어떤 작은 행동도 우연히 일어나는 것이 아니며 그러한 행동이 일어날 만한 원인과 조건하에서 일어난다는 것, 연기의 이법을 적용하여 좋지 못한 현상을 좋은 현상으로 변화시킬 수 있다는 것, 불교의 모든 수행법이 육경에 조건화된 번뇌 망상을 소거시킴으로써 육경을 '여실히' 보게 한다는 것, 고통의 문제를 해결하는 방법으로 대치 또는 대법 및 상호제지의 원리를 적용한다는 것, 그리고 무엇보다 불교와 행동심리학의 철학적 배경이 일원론이라는 점이다.

아직도 대부분의 사람들은 자신의 내면에 '자기'라는 어떤 '작은 사람'이 들어 있어서 그것이 자기의 행동을 통제한다고 믿고 있다 (Skinner, 1971). 자기의 행동이 훈습의 결과, 학습의 결과인데도 불구하고 마치 몸속에 있는 어떤 영혼과 같이 자신이 어쩌지 못하는 것에 의하여 통제당한다고 믿게 되면 인간은 모든 것을 재수나 운명에 맡기게 되는 무력감을 느끼게 될 수밖에 없다. 그러나 석가모니는 인간의 마음이 미리 고정된 것, 신이나 숙명에 의한 것도 아니며 자신이 스스로 통제하고 변화시킬 수 있는 대상임을 깨닫게 한다.

불교에서의 깨달음이란 자신이나 사물에 대한 지각과 판단이 자신의 이전 행동 경험을 그대로 반영 또는 투사하는 것에 불과하다는 사실을 깨닫고 그러한 습(習)의 결과인 마음에 속지 않도록 하는 것이다. 개인적으로나 사회적으로 조건화된 망심의 방해로부터 벗어나게 되면 인간은 두 바퀴 자전거를 자유자재로 타는 것과 같이 자신을 중력과 같은 우주의 법칙에 무아로 일치할 수 있게 된다. 그것이 '모든 것을 아는' 일체지지(一切智智)다. 자타나 내외를 둘로 분별하게 하는 망심이란 곧 본성으로서의 자연지 · 근본지를 방해하는 마음이다. 인간은 자신이 성범과 미추를 분별할 수 있음을 지식이라 자랑스럽게 말하고 있지만, 실은 그러한 '학습된' 분별심이 서로 의존해야 할 인간과 인간을 분리시키고 인간과 자연을 분리시킴으로써 하나로 의존하게 되어 있는 자연의 질서를 교란시키며 누구나 본성으로 가지고 있는 자연지까지도 방해하게 된다.

지금의 뇌 심리학자들은 불교에서 망심이 본심을 방해한다고 보는 것처럼 – 이모저모로 따지고 비교하는 – 언어와 논리로 전문화된 왼쪽 뇌가 감성적 지혜로 전문화된 오른쪽 뇌의 기능을 항상 감시하며 방해한다는 사실을 보여 주고 있다. 말과 생각을 끊게 하는 불교의 모든 수행법은 '학습된' 분별심으로 전문화된 왼쪽 뇌가 자연지 · 근본지를 그

대로 보존하고 있는 오른쪽 뇌를 방해하지 않도록 통제하는 방법으로 볼 수 있다. 또한 선정(禪定)과 같은 깊은 이완이 '침묵의 뇌'로 불리는 오른쪽 뇌를 왼쪽 뇌의 부단한 감시와 간섭으로부터 해방시킴으로써 인간 내면의 슈퍼 마인드와 소통할 수 있는 무의식의 통로를 연다고 말하고 있다(Peper & Holt, 1993). 자기치유 역시 그러한 슈퍼 마인드에 의존하는 것이다.

무념치유의 대상

개인이 속한 사회나 인간이 속한 우주를 인간의 몸처럼 하나의 유기체로 본다면 그 안에서 서로 의존적 관계에 있는 모든 사물의 본질은 공무아가 아닐 수 없다. 그렇지 않고서 일즉다 다즉일의 연기나 통합은 불가능하게 된다. 그러한 의미에서 탐진치는 유기체적 통합을 방해하는 요인들이 되며 인간의 본질에 어긋나는 것이고, 계정혜는 유기체적 통합으로서 분별도 없고 불공평함도 없는 인간의 본질에 일치하는 것이다. 탐진치가 이미 인간을 병들게 하는 독소로 작용한다는 사실과 더불어 그에 반대되는 계정혜는 사랑과 평화, 지혜로 이웃과 하나가 되게 하고, 근심과 걱정에서 오는 인간의 병을 고치며, 또한 지혜로 인간의 수행 능력을 최대화하는 기능을 가지고 있다는 사실은 누구나 체험을 통하여 알 수 있다. 불교의 중심적 테마는 탐진치를 계정혜로 전환하게 하는 데 있다. 초기 불교의 팔정도나 선불교에서 설하는 육바라밀이 모두 계정혜를 말한다. 법에 어긋나는 탐진치가 어떻게 인간을 병들게 하는가는 의사들이나 심리학자들도 잘 알고 있다. 예를 들어 근자의 심장병 전문의들(Friedman & Rosenman, 1974)은 병원을 찾아오는 환자들의 성격이 보통 사람들과 다르다는 것을 발견하고 그들의 행동 특성과 관상동맥경화증 간에 높은 정적 상관관계가 있음을 발견하게 되었다. 지금까지 알려진 바는 심장병 전문의들이 현재 Type A 행동이라 부르고 있는 이 행동 특성은 비만, 흡연, 운동 부족, 콜레스테롤과 더불어 심장병을 일으키는 가장 위험한 요인 중 하나라는 사실이다. 이러한 개인의 성격과 심장병 간의 정적 상관관계가 밝혀진 이후에 발표된 연구 결과를 보면 미국의 경우, 승진에 관한 강력한 욕망과 성취 지향적인 중류 사회 계층의 사람들 중 50~75%가 Type A 행동을 가진 것으로 밝혀졌다(Howard et al., 1977). 그리고 Type A 행동을 가진 사람들이 심장병에 취약한 이유는 그들이 시간과 경쟁하는 압박감과 스트레스로 자신을 스스로 괴롭히며 그러한 도전에 심리적으로나 생리적으로 과격하게 반응하게 되기 때문이라고도 한다. 의사나 심리학자들은 Type A 행동과 스트레스, 심장병, 즉 개인의 행동 특성과 신체적 질환, 심리-생리적 반동 간에는 교감 신경 계통의 호르몬과 카테콜아민이 연관되어 있다고 추정하고 있다(Williams & Williams, 1996). 그리고 지금에 와서는 Type A 행동이 단지 심장병에 한정된 것이 아니라 각종 암과 연관되어 있음도 알게 되었다.

Type A 행동 특성은 다음과 같다(Friedman & Rosenman, 1974).

1. 시간에 대한 긴박한 감정 : 시간과 경쟁하고 많은 일을 급하게 해치우며 일시에 많은 성과를 거두려는 강력한 요구이다.
2. 쉽게 분노하고 적대감에 휘말리는 공격적 성격 : 성질을 자주 부리고

경쟁심이 아주 높아 어떤 일을 하든지 남에게 지지 않으려는 성격이며 어떤 놀이라도 경쟁적으로 하려 하기 때문에 쉬면서 즐길 수 없는 성격이다.

3. 무엇에 있어서든 남을 이기려 하고 남보다 많이 소유하려는 강력한 성취 동기가 있다.
4. 다중적 행동 : 차분하게 일을 한 가지씩 처리해 가지 못하고 여러 가지 일을 동시다발적으로 해치우려는 충동적 경향성이 있다.

Type A 행동이 극심한 스트레스를 일으키고 그러한 스트레스가 심장병과 같은 신체적 질병의 원인이 되는 것을 상상하기란 어렵지 않다. 또한 Type A 행동 유형의 소유자가 어떤 다른 원인으로 병을 얻게 되는 경우라도 똑같이 조급해하고 화를 내며 주위 사람들을 원망하고 괴롭힌다면 병이 쉽게 나을 수 없으리란 것도 어렵지 않게 예견할 수 있다.

Type A 행동은 가정과 학교 그리고 사회를 통하여 학습된 것이다. 부모나 교사는 일찍부터 아동이 사회를 경쟁의 장으로 인식하도록 어떤 일에 있어서도 남을 이기지 못하면 무가치하다는 것을 가르치고 있다. 물론 남다르게 높고 강력한 성취 동기가 직업적으로나 사회적으로 남보다 더 안정된 지위와 특권을 차지할 수 있게 하는 조건이 된다는 것은 거의 확실하다. 그러나 그들이 높은 성취 동기와 함께 그것을 성공으로 이끌 다른 조건들을 만족시키지 못한다면, 비록 어느 정도 성공하였다고 할지라도 그 성공을 영구히 보장할 수는 없다.

Type A 행동에서 오는 스트레스를 통제하고 스트레스와 연관되어 있는 심장병 등 육체적 질병을 예방하고 치유하는 동시에 성취 동기에 걸맞게 그들의 수행력을 극대화하기 위해 심리학자들이 제시하는 방법들은 다음과 같다(Girdano, Everly, & Duesek, 1997).

1. 집중력의 증가
2. 분노 관리법에 대한 연습
3. 부정적 내적 대화의 감소
4. 계획성의 증가
5. 자아의식에 대한 점검
6. 분노에 대한 신념의 검검

Type A 행동으로 대표되는 현대인에게 탐진치를 계정혜로 대치하게 하는 불교의 수행법은 무엇을 의미하는 것일까? 우리는 불교의 수행법에서 Type A 행동을 그것과 반대되는 Type B로 전환하게 한다. 이는 남다른 재능과 성취 동기를 가진 사람들이 욕심내지 않고, 성내지 않고, 어리석은 생각을 하지 않으면서도 그들이 진실로 원하는 가족이나 이웃과 더불어 평화롭게 살고, 병들지 않고, 또한 그들이 원하는 것을 성공적으로 성취할 수 있는 비법이 된다.

무념치유에는 심신의 안정과 이완으로 육체적 질병을 예방하며 치유하고, 바르지 못한 생각을 바른 생각으로 통제하고, 공의 지혜로써 자신이 하는 일에 달인이 되게 하는 세 가지 기능이 상호 보완적 관계로 함축되어 있다. 이러한 총체적 접근법은 일반적으로 행동 수정에서 적용하는 분석적 접근법을 통하여 얻게 되는 치료의 효과와는 다른

－행동적 측면의 변화로서의 계, 감정적 측면으로서의 정, 그리고 인지적 측면으로서의 혜라는－총체성의 창조라는 전인적 변화를 개인에게 가져 오게 할 수 있다. 그 결과는 응병여약이라는 일시적 방법이 아닌 자신의 총체적 삶의 스타일을 변화시키는 방법으로써 개인을 건강하고 행복하게 그리고 생산적이며 창의적인 사람으로 변화시킬 수 있다. 그러므로 무념치유는 계정혜라는 총체적 접근법으로서 병든 사람에게는 병을 낫게 하는 치유법으로, 분노와 증오감 때문에 사회로부터 소외되는 사람들에게는 분노를 통제하고 남들과 더불어 평화롭게 살게 하는 친사회적 행동을 배우는 기술로, 조급한 마음으로 쉽게 주의가 흩어져 자기가 하는 일에 집중하지 못하거나 능력을 최대한 발휘하기 어려운 사람들에게는 수행 능력을 극대화할 수 있게 하는 방법으로 적용할 수 있다. 지금의 심리학자들이 스트레스나 관습상의 문제와 관련되어 일어나는 정신적 · 신체적 질환을 스스로 치유하는 데 필요한 심리적 요인들이라고 지적하는 이완, 심상, 인지의 재구성, 행동 변화는 무념치유에도 모두 포함되어 있다. 또한 무념치유는 불교에서 인간이면 누구도 피할 수 없는 팔고(八苦), 나고 늙고 병들고 죽는 문제와 사람과의 이별과 만남에서 일어나는 애증의 문제, 소유하고자 하는 것을 이루지 못했을 때 생기게 되는 갈등과 좌절 그리고 마음을 구성하고 있는 다섯 가지 구성 요인들, 색수상행식(신체, 느낌, 심상, 행동 의지, 사물 인식)이 작용하면서 일으키게 되는 갖가지 고뇌의 문제들을 해결하는 방법이라 제시되고 있는 불교의 대표적 수행법으로 구성되어 누구에게나 큰 도움이 될 것이다. 무념치유의 목적은 인간의 본질에 일치하지 않는 탐진치가 인간관계에서 일으키는 갈등, 건강상의 문

제, 그리고 '억지로 애씀'에서 오는 성취 능력의 저하를 인간의 본질에 일치하는 계정혜를 통해 원만하게 해결하는 방법을 체득하게 하는 데 있다. 인간의 몸이 지수화풍, 사대로 되어 있어 이 네 가지 요소들이 몸 안에서 조화를 이룰 수 있을 때 건강한 몸을 유지할 수 있게 되는 것과 같이 인간의 마음도 색수상행식, 오온으로 구성되어 있어서 이 조건들이 조화를 이루고 있을 때 계, 정, 혜라는 본심의 세 가지 기능이 발휘된다. 무념치유는 연기의 이법을 학습의 원리와 통합시킨 치유법이다.

무념치유의 원리

무념치유는 대치 · 대법의 원리를 적용한다. 대치 · 대법은 몸에 열이 나서 얼음 찜질을 하고, 체온이 내려가면 따뜻한 물에 목욕을 시키는 것과 마찬가지로 정신적 문제에 있어서도 악한 생각이 일어나면 착한 생각으로 이를 해결하고, 분노가 생기면 자비심으로 이를 통제하는 것처럼 신체적 현상이나 심리적 문제에 있어서도 서로 반대되는 것 중 한 가지를 강화하거나 유지하게 함으로써 상대적 관계에 있는 문제를 해결하는 방법이다. 이러한 대치 · 대법의 원리를 적용하는 이면에는 인간의 생각이나 행동도 우연히 일어나는 것이 아니며 마치 던진 돌이 공중에서 날아가다가 중력에 의하여 땅에 떨어지는 현상이 일어나게 되는 것과 같은 동일한 법칙을 따르게 되어 있다는 것이 전제된다. 불교에서는 이를 연기의 이법이라 말하고 행동주의 심리학에서는 학습의 원리라고 말한다. 사실 불교나 행동심리학에서 인간의 생각이나 행동 역시 물리학이나 화학에서처럼 같은 인과의 법칙을 따른다고 지적

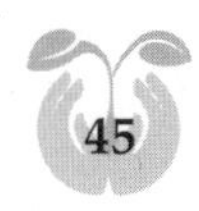

한 것은 인류 역사상 처음 있었던 일이다. 그리고 대치 · 대법은 인간과 우주는 둘이 아니고, 몸과 마음 역시 둘이 아니라 항상 병행한다는 것이 객관적 사실이 아니라면 적용될 수 없는 원리다.

'연기를 보면 부처를 보고, 부처를 보면 연기를 본다'고 하는 것처럼 대치 · 대법을 보면 불교의 인간관이 무엇인지 즉시 알게 되고 불교가 인간으로 하여금 고(苦)로부터 해탈하게 하는 방법이 무엇인지도 알게 된다. 무념치유는 불교의 대표적 수행법이라고 하는 수식관과 사념처 그리고 무념행으로 구성되어 있다. 이 세 가지 수행법의 공통적 목적은 이전 행동 경험이 쌓인 결과에 지나지 않는 마음과 오온을 무념으로 소거시킴으로써 육경, 즉 색성향미촉법을 '있는 그대로' 볼 수 있게 하기 위함이다.

무념치유의 특징은 "인간은 본래 무아로 인연(因緣)의 힘에 따라 움직인다."라고 달마 대사(柳田, 1984)가 설한 수연행(隨緣行)에 바탕을 두고 있다. 수연행은 좋은 일이 생기든 좋지 않는 일이 생기든 모든 것은 인연에 따라 일어나는 일이므로 어떤 일을 만나도 희비애락에 크게 동요되지 않고 자신의 마음이 항상 법에 일치하도록 쉬게 함으로써 무슨 일을 하든 '억지로 애씀'이나 '인위적 노력'를 가하지 않도록 하는 것이다. 어떻게 보면 수연행은 자기라는 어떤 고집도 없이 자신의 운명을 운수에 맡기는 무력감으로 비칠 수 있다. 그러나 수연행은 자연의 법칙, 우주의 법칙에 자신을 무아로 조율하는 기술이다. 이것은 우리가 잠을 자려 할 때 빨리 잠들 수 있도록 억지로 애쓰거나 인위적 노력을 가하면 오히려 잠이 달아난다는 것을 경험으로 알기 때문에 잠을 잘 자야겠다는 생각조차 하지 않음으로써 단잠을 잘 수 있도록 자신을 조율하는 것과 같다. 불교에서 말하는 지관이나 정관, 정혜 역시 '억지로 애쓰지 않음'으로 성취할 수 있는 지혜를 말하고 있다. 수연행이란 이와 같이 자신 내면에 자성으로 소유하고 있는 자연지 또는 근본지가 자신의 허망한 생각에 의하여 방해받지 않고 나타날 수 있도록 마음을 쉬게 하는 방법이다.

불교에서는 대치 · 대법을 문제 해결을 위한 방법으로 적용하고 있다. 사정근(四正勤)과 사정단(四正斷)을 위시하여 수행을 방해하는 다섯 가지 방해물(육체적 욕정, 분노, 잠, 의심, 들뜸)을 통제하는 방법으로 제시되고 있는 오개(五蓋) 대치법도 그렇고, 수행에 전념하도록 하는 칠각지(七覺支)의 내용도 그렇다. 그뿐만 아니라 '열병을 앓는 자에게는 냉상(冷想)을 하게 하고, 냉병(冷病)을 앓는 자에게는 열상(熱想)을 하게 하며, 호의(好衣)를 탐하는 자에게는 열철이 몸에 감기는 상을, 호식(好食)을 탐하는 자에게는 뱀과 벌레들이 우글거리는 상을 하게 한다'는 심상을 이용한 자기치유법도 있다. 불교의 이러한 대치법은 행동치료에서 이완으로 스트레스나 불안감을 관리하게 하는 방법, 이완 심상으로 병을 고치게 하는 방법, 부정적 사고를 긍정적 사고로 변화시키는 방법, 부적응 행동을 적응 행동으로 수정하는 방법 등과 동일한 상호제지의 원리를 적용한 것이다.

무념치유의 행동적 모델 역시 대치 · 대법으로서 이완 반응으로 공포증을 치료하는 울프(Wolpe, 1954)의 체계적 탈감법이다(제4장 참고). 체계적 탈감법은 개나 뱀, 병원의 소독 냄새나 협소한 공간 또는 높은 곳 등 육경에 해당되는 어떤 자극이나 상황에 조건화된 공포증을 치료하는 방법이다. 내담자에게 심신을 깊이 이완할 수 있도록 미리 훈련시킨 후, 이완을 유지하면서 불안을 일으키는 상황에 점진적으로 노출시키는 방법이며 그 원리는 불교의 대치법과 동일한 상호제지의 법칙이다. 즉, 이완과 불안은 동시에 일어날 수 없는 것이기 때문에 이완을 방해하지 않고는 일어날 수 없는 공포증을 이완으로 치료하는 것이다. 무념치유에 있어서도 수식관은 고른 숨을 방해하지 않고는 일어날 수 없는 모든 병을 고른 숨으로 고치며, 또한 고른 숨을 바탕으로 육경(색성향미촉법)이 일으키는 번뇌망상을 소거시키는 사념처가 소개된다. 마지막의 무념행은 사념처에서와 같이 무념으로 육경에 조건화된 탐진치, '여섯 도적(색성향미촉법)을 여섯 문(안이비설신의)으로 달려 나가게' 하는 동시에 '생각만 일으키지 않으면 그대로 고요한 자성'이 나타나게 한다. 우리는 수식관과 사념처 그리고 무념행을 세 가지 위계적 단계로 통합할 때 이완, 심상, 인지, 행동 변화가 총동원된 총체적 접근법이 될 수 있다는 사실을 알 수 있다.

예를 들어 Type A 행동 역시 학습된 망심이다. 본심과 망심은 '파도가 곧 물'인 것처럼 둘이 아니다. 파도가 고요해지면 그대로 명경지수가 되는 것처럼 망심이 풀어지면 그대로 본심이 된다. 우리는 본심을 찾아가는 수행자의 여정이 개나 뱀에 조건화된 공포증을 치유하는 탈감화의 과정과 일치함을 볼 수 있다.

무념치유의 과정을 불교 사원 외벽에 흔히 그려져 있는 심우도(尋牛圖)에 비추어 볼 수 있다. 심우도는 소를 잃어버린 사람이 소를 찾아가는 과정을 열 장의 그림으로 나타내고 있다. 심우도에 나타나는 장면들은 크게 두 가지로 나누어 볼 수 있다. 첫째는 소를 잃어버린 사람이 소의 발자국을 보고 따라 가다가 소를 묶은 밧줄이 풀숲 밖으로 나와 있는 것을 발견하여 붙잡은 후, 소를 먹이며 길들이는 과정이다. 둘째는 소를 먹이고 길들인 후 소의 등에 올라타 피리를 불며 집으로 돌아와서 소를 외양간에 매어 놓은 뒤 소도 잊고 자신도 잊어버리며 편히 쉬는 과정이다. 이완으로 공포증을 대치하는 행동치료법도 이와 같은 두 가지 과정으로 이루어진다. 공포증이란 개나 뱀을 '있는 그대로' 보지 못하게 본심을 잃어버린 결과다. 이것을 망심이라 한다. 망심에 의하여 가려져 있는 본심을 찾아서 먹이고 길들이는 과정을 이완으로써 공포증을 대치하는 치료의 과정으로 볼 수 있다. 치료의 과정이 끝나면 본심으로 모든 것을 '있는 그대로', 즉 개는 개로, 뱀은 뱀으로 볼 수 있게 된다. 이는 또한 육경에 조건화되어 있던 탐진치가 모두 소거됨으로써 이제는 안심하고 소의 등에 올라타 함께 흔들리면서 피리를 불고 가는 기쁨을 만끽할 수 있게 한다. 무념치유의 과정이나 결과 역시 그렇다. 무념치유에 포함된 수식관과 사념처는 소를 찾아 먹이고 길들이는 과정이며, 무념행은 길들여진 소를 타고 집으로 돌아와 소도 잊고 사람도 잊어버리는 과정에 비교할 수 있다.

부적 강화

본심과 망심을 '물과 파도'의 관계로 비유하거나, 본심이 엉기어 망심이 된다고 하거나, 본심과 망심을 본체(本體)와 용(用)으로 보는 불교는 인간이 당하는 고통의 원인을 정신분석학에서처럼 무의식에서 찾지 않으며, 인간중심 또는 개인중심상담에서처럼 자기실현의 요구가 충족되지 않음에서 찾지도 않는다. 불교는 인간 누구나 이미 부처라는 것을 전제로 한다. 인간은 본래 누구나 완벽한 것이다. 그 완벽한 인간이 단지 학습된 망심에 의하여 방해를 받고 있을 뿐이다. 그러므로 불교가 고통의 문제를 해결하는 방법은 망심이 일으키는 고통으로부터 피하는 것이다. 이 방법은 손에 가시가 박히면 가시를 즉시 빼내는 것과 같다. 불교에서는 이를 '독화살을 맞은 청년'으로 비유한다. 인간은 본래 건강하다. 불교 수행의 목적은 개인이 아직 이루지 못한 것을 성취하게 하거나 부족한 것을 보강하거나 신통기적을 얻게 되는 것이 아니다. 불교 수행을 통하여 성취하게 되는 것은 본래 완전한 자성이 그 기능을 최대한 발휘할 수 있도록 방해물로부터 자유롭게 하는 데 있다. 이를 견성성불이라 할 것이다. 견성이나 성불은 없는 데서 찾고 이루는 것이 아니라 이미 자기 안에 완전한 형태로 이루어져 있는 것을 스스로의 어리석은 마음 때문에 나타나지 못하도록 방해하지만 않으면 된다고 하는 것이다. 그러므로 불교는 밖으로부터 잉여의 무엇을 수행의 대가로 받게 되는 것이 아니라 고(苦)로부터 해탈하게 되는 것이다. 이러한 고통으로부터 피하게 하는 방법을 심리학에서는 부적(不的) 강화(强化)의 원리라 부른다. 행동의 대가로 보상을 받는 것이 아니라 고통으로부터 자유롭게 되는 것을 말한다. 자연 상태의 인간은 모두 부적 강화의 원리에 따라 행동하게 되어 있다. 선에서 '시장하면 먹고, 피곤하면 잔다'고 하는 평상심이 곧 부적 강화의 예가 된다. '욕정은 부정관으로 대치'하고 '분노는 자비관으로 대치'한다고 하는 것 역시 고통으로부터 떠나게 하는 방법이다. 불교의 모든 대치와 대법이 부적 강화의 원리에 의존하고 있다. 인간의 본심은 이미 한 치를 더할 것도 없고 뺄 것도 없는 완전한 것이다. 치유의 원리 역시 부적 강화의 원리에 의존한다. 인간은 누구나 본래 건강한 것이기 때문이다.

수식관과 사념처 그리고 무념으로 구성된 무념치유의 한계는 무한하다. 무념치유는 육경에 조건화되어 있는 부적응 감정이나 행동을 소거하는 방법이다. 이를 통해 번뇌망상과 스트레스와 연관되어 일어나는 각종 육체적 질병을 스스로 예방하고 치유하는 방법, 이웃과 더불어 평화롭게 사는 방법으로, 그리고 육경을 '있는 그대로' 볼 수 있게 됨으로써 모든 것을 아는 지혜를 얻게 한다. 2,500년 전부터 연기의 이법을 적용하여 고통의 문제를 해결하게 하는 불교의 수행법과 20세기 중반에 나타나 학습의 원리를 적용하여 고통의 문제를 해결하도록 하는 행동주의 심리학 간의 일치성은 결코 우연이 아니다. 객관적 진리란 시공간을 초월하기 때문이다. 자연과 우주의 법칙은 언제나 그대로 있다. 오직 인간의 패러다임이 변할 뿐이다.

무념치유의 포괄성

불교의 수행법은 크게 두 가지로 나뉜다. 사념처로 대표되는 초기 불교의 수행법과 간화선 수행이다. 초기 불교 수행법의 특징은 수행에 자기지시(自己指示)라든가 내적 대화와 같은 인지(認知)가 적용되는 것이다. 그러나 간화선 수행은 '말의 길과 생각의 길'을 끊어 버리게 함으로써 생각을 일으키지 않도록 하는 데 특징이 있다. 불교 수행에 있어서 이 두 가지 수행법의 차이는 현재 행동치료에 있어서 심상이나 자기지시와 같은 인지를 이용한 인지-행동 수정(Meichenbaum, 1977)과 그 반면 인지를 조금도 인정하지 않는 행동 수정법이 있다는 것과

비교된다. 이러한 두 가지 수행법－인지를 수용하는가, 인지를 거부하는가 하는 것－은 혜능 선사가 육조단경에서 신수 상좌와 자신의 게송을 비교한 것에서도 그 예를 찾아 볼 수 있다.

신수 스님은 다음과 같은 게송으로 깨달음의 경지를 보여 준다.

몸은 보리의 나무요
마음은 밝은 거울 같나니
때때로 부지런히 털고 닦아서
티끌과 먼지 끼지 않게 하라

신수 스님의 게송에 비하여 혜능 선사의 게송은 다음과 같다.

보리는 본래 나무가 없고
밝은 거울 또한 받침대 없네
부처의 성품은 항상 깨끗하거니
어느 곳에 티끌 먼지 있으리오

신수 스님의 게송 "때때로 부지런히 털고 닦아서 티끌과 먼지 끼지 않게 하라."에는 '부지런히 털고 닦는다'는 조심이 포함되어 있지만 혜능 선사의 게송은 "부처의 성품은 항상 깨끗하거니 어느 곳에 티끌 먼지 있으리오."라는－조금도 걱정할 것이 없는, 마음을 놓는－안심으로 특징된다.

무념치유에는 '부지런히 털고 닦는다'는 인지를 이용한 자기통제와

'마음을 놓아버리게' 하는 이 두 가지가 사념처와 무념행에 각각 포함되어 있다. 즉, 무념치유에서는 무념을 치유의 궁극적 목적으로 하되 '악한 생각이 일어나면 착한 생각으로 이를 대치'한다고 하는 인지적 접근법 역시 무념이라는 최종적 목표에 도달하게 하는 과정으로 적용한다. 이것은 달마 대사가 개인의 근기에 따라 도(道)에 들어갈 수 있도록 방법을 두 가지로 설한 이입사행과도 일치한다.

무념치유에 포함된 수식관과 사념처에서는 달마 대사가 행입(行入)으로 설한 사행(四行), 보원행, 수연행, 무소구행, 칭법행에서 수행자가 사행을 실천하기 위해－예를 들어 보원행를 위하여 수행자는 그가 괴로움을 받았을 때 "나는 무량겁의 옛날로부터 근본을 잊고 한량없이 여러 사람을 괴롭혔다. 지금의 괴로움은 모두 과거세의 과보다." 등의－자기대화를 통하여 남을 탓하거나 원망하지 않도록 하는(통제하는 인지를 이용한) 자기통제법이 포함되어 있다. 또한 무념행에서는 달마 대사가 이입(理入)의 방법으로 설한 생각을 끊게 하는 벽관(壁觀)과 허망한 생각을 차단하는 사고중지법(思考中止法)이 포함되어 있다.

인간의 자성이 본래 비어 있는 것임을 깨닫게 하는 것이 불교이다. 행동주의 심리학 역시 강조하지만 현실에 있어서 우리는 이미 학습된 언어나 글을 통하여 자성이 무엇인가를 생각할 수밖에 없기 때문에 인지적 측면도 불교의 수행법에서 완전히 배제될 수는 없다. 특히 불교의 수행법이 자력(自力)에 의존하는 한 자기통제를 위한 자기지시나 내적 언어가 포함되지 않을 수 없다. 물론 그러한 자기지시나 내적 언어는 행동 변화를 위한 도구로 적용될 뿐이다. 우리는 인지－행동적 접근법으로의 달마의 사행과 행동적 접근법으로의 이입이 무념치유에도

녹아 있음을 보게 될 것이다.

무념치유의 결과

무념치유의 목적은 마치 해를 가리고 있는 구름과 같은 허망한 생각을 끊어버림으로써 밝은 자성의 지혜가 자신이 일상생활에 환하게 나타나게 하는 데 있다. 그 결과는 칭법행으로 무명에 속해 있을 때와는 다른 신통기적을 일으킨다. 초기 불교에서 말하는 삼명육통(三明六通)이 그것이다. 삼명육통은 삼명(三明), 숙명지(宿命智), 천안지(天眼智), 누진지(漏盡智)에 신족통(神足通), 타심통(他心通), 천이통(天耳通)을 더한 것이다(水野, 1988).

육통은 우리가 연기의 이법을 바로 알고 이를 적용하여 사물 · 사건에 조건화된 각종 공포증이나 불안감, 긴장, 의심, 무력감이 소거되었을 때 기대할 수 있는 능력이다. 육통을 세 가지로 나누어 보자. 먼저 신족통과 천이통은 우리의 몸과 감각 기관의 자연적 기능이 허망한 생각에 의하여 방해를 받지 않을 때 발휘될 수 있는 능력을 말하는 것이다. 타심통과 숙명통 그리고 천안통은 인간의 마음이 이전 행동 경험의 결과라는 사실을 알게 될 때 자신과 타인의 행동이나 운명에 관하여 예측할 수 있는 심리-사회적 기능이며, 누진통은 연기의 이법을 통하여 번뇌 망상을 제거할 수 있는 능력을 얻게 됨을 뜻한다. 불교 수행을 통하여 얻게 되는 소위 신통기적은 말 그대로의 어떤 초자연적 능력이나 기적을 뜻하는 것이 아니다. 어디까지나 허망한 생각으로 스스로를 방해하지만 않으면 누구에게나 나타나게 되는 자성의 지혜를 말하는 것이다. 우리는 무념치유의 결과로 그러한 신통기적을 기대할 수 있다.

02

수식관

고른 숨을 방해하지 않고는 생길 수 없는 모든 병을 고른 숨으로 고친다.

안반수의경(정태혁 역, 1993)의 수식관(數息觀)을 석가모니의 호흡법이자 명상법이라 부르고 있다. 수식관은 수식문(數息門), 수문(隨門), 지문(止門), 관문(觀門), 환문(還門), 정문(淨門)의 육묘문(六妙門)으로 구성되어 있다. 앞의 세 단계, 수식문과 수문 그리고 지문에서는 자신의 생각과 주의를 숨에 집중하도록 하면서 고른 숨을 쉴 수 있도록 한다. 숨이 안정되면 안정된 숨이 도망가지 않도록 코끝이나 입술에 묶어 놓고 그 다음 단계인 관문에 들어간다. 관문은 대상을 관찰하는 단계로 석가모니의 깨달음인 연기관을 통하여 모든 것은 서로 의존하며 인과 관계에 있다는 것을 관한다. 그 다음 단계인 환문에서는 자신의 몸과 마음 역시 연기의 결과이므로 미리 고정된 자기라는 것이 없다는 것을 관한다. 수행자는 관문과 환문을 오가며 연기와 무아를 반복하여 관하면서 자신이 본래 무아임을 스스로 확신시키고 마지막 단계인 정문에 들어가 본심으로서의 고요함을 유지하게 한다. 수식관의 이러한 6단계는 우선 생각을 숨에 집중하여 심신을 안착시켜 놓은 후, 숨에 집중했던 주의를 자신이 해결해야 할 문제로 집중하여, 해결 방법을 연기와 무아의 이법에서 찾아내도록 하는 문제 해결을 위한 공식(公式)이 된다. 수식관을 부처의 호흡법이며 명상법이라고 하는 이유 역시 석가모니가 수식관에 의존하여 연기에 대한 깨달음을 얻고 또한 연기의 이법에 의지하여 고의 문제를 해결하는 방법을 발견하였다는 사실 때문이다. 연기의 이법은 물리적 · 화학적 법칙으로서 지금의 과학자들이라고 할지라도 그러한 인과의 법칙에 의존하지 않는 한 어떤 발견이나 발명도 불가능하다.

수식관을 통하여 얻을 수 있는 이득은 다양하다. 우선 수식관은 고른 숨을 쉬게 한다. 고른 숨은, 고른 숨을 방해하지 않고는 일어날 수 없는 모든 병을 고친다. 고른 숨으로 고칠 수 있는 병으로는 애욕, 노여움, 어리석음, 희락, 오만함, 의심, 주의 산만, 게으름, 놀람과 두려움, 마음의 지나친 억제, 근심, 조바심, 욕망 등이 있다. 수식관으로 병을 고친다고 하는 것은 곧 안정된 숨과 애욕, 노여움은 동시에 일어날 수 없는 것이기 때문에 안정된 숨을 유지하고 있는 한 자연히 그것과 상대적 관계에 있는 애욕 및 분노는 통제될 수밖에 없다. 이는 상호제지의 원리를 뜻하는 것으로, 행동치료에서 불안감이나 공포증과 같은 정서적 문제 및 행동적 문제를 이완으로 해결하도록 하는 방법과 병행한다. 그리고 심신을 이완하게 하는 고른 숨 자체가 건강을 유지하게 하는 데 있어서 어떤 역할을 하게 되는지 다음과 같은 연구 결과에서 찾아볼 수 있다(Peper & Holt, 1993).

호흡은 몸과 마음의 교량

호흡이란 삶의 필수적인 과정이다. 호흡의 형태는 신체적 · 정신적 상태 그리고 무의식에까지 영향을 끼친다. 그러나 우리들은 대부분 호흡을 의식하지 않고 살고 있다. 호흡은 의식과 무의식 양자의 통제하에 있어서 의식과 무의식 간의 교량적 역할을 하며 몸과 마음은 서로 분리되어 있는 것이 아님을 알게 한다. 호흡은 동양 철학에서 기(氣)라는 말로 힘, 생명, 용기, 성격 그리고 정신적 변화 등과 연관되어 있다고 본다.

호흡은 감정과 신체적 상태를 반영하기 때문에 호흡을 안정시키면 감정이나 정신 과정이 안정되며 동시에 몸 역시 안정된다. 운동선수, 악기 연주가를 포함해서 많은 연기자들이 자신의 기량을 최고도로 발휘하기 위한 기초 훈련으로 횡격막 호흡, 즉 복부로 숨을 쉬는 호흡법을 배운다. 복부로 고르게 쉬는 호흡의 영향력은 당사자가 잘 느끼지 못하지만 삶에 확실한 영향을 끼친다.

호흡의 생리

호흡은 의식적 통제 없이 일어나는 자연스런 과정이다. 영유아와 아동은 아무 노력 없이 배로 숨을 쉰다. 아동의 호흡과 기본적으로 연관된 신체적 움직임으로 하복부를 보면, 날숨 때는 배가 조금 안으로 들

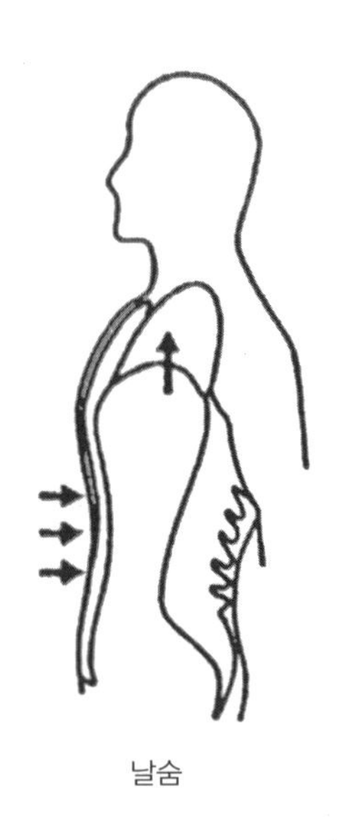

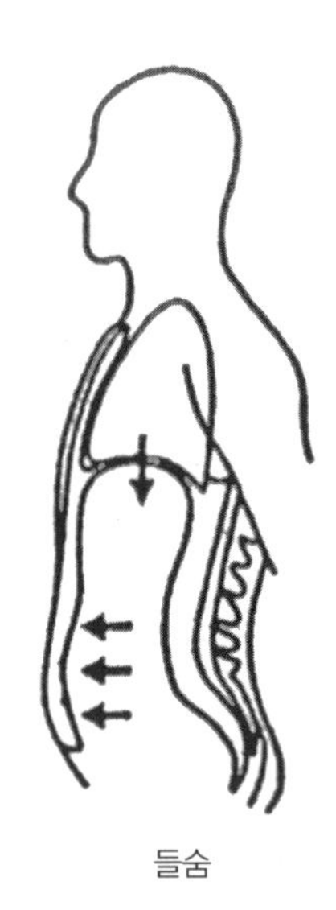

그림 2 서 있거나 앉아 있을 때의 호흡

어가고 들숨 때는 배가 밖으로 그리고 옆으로 확장된다. 그러나 대부분의 성인들은 이렇게 건강한 숨을 쉬지 못한다. 성인들은 복부는 움직이지 않은 채 들숨을 쉬기 위하여 신체의 상위 부분인 가슴의 근육에 힘을 준다. 적절한 호흡과 관련된 주요 근육은 횡격막이다. 이것은 갈비뼈와 복부 상위에 위치한 둥근 천장 모양의 근육이다. 들숨에는 횡격막이 하강하면서 평평해진다. 이러한 활동은 배 안에 있는 내용물을 밑으로 내려 밀면서 가슴에 큰 공간을 만든다. 이러한 공간이 만들어짐으로써 그 속의 압력이 가슴에 압력을 가하면 그 압력에 의하여 공기가 들어오게 된다(그림 2). 날숨 때는 횡격막이 이완되어 위로 올라가면서 가슴의 공기를 압축하여 공기가 빠져나가게 한다. 즉, 들숨에는 복부가 이완하고 확장되는 반면 날숨에는 복부 영역이 줄어든다. 이렇게 고른 숨을 쉬는 동안에는 가슴과 어깨가 이완을 유지하게 된다.

누워 있을 때의 호흡 누워서 숨을 쉴 때와 앉아서 숨을 쉴 때의 근육 활동은 다르다. 천장을 향해 누워 있을 때는 중력이 배를 안으로 들어가게 한다. 그러므로 들숨 때 횡격막이 내려가서 배를 밖으로 밀어낸다. 이때 약간 힘을 쓰게 된다는 것을 인식할 수 있다. 날숨 때는 중력이 배를 눌러 줌으로써 별로 힘들지 않게 되는데 이때 횡격막은 가슴 위로 올라간다(그림 3). 앉아 있든 누워 있든 간에 들숨 끝에 횡경막을 위로 밀어 올리기 위해 복부를 안으로 당길 때는 어느 정도의 노력이 필요하다. 누워 있을 때의 날숨은 복부의 벽이 이미 이완되어 있기 때문에 별 어려움이 없다.

복부가 중력에 의하여 내려가며 힘들지 않게 날숨을 쉴 수 있다.

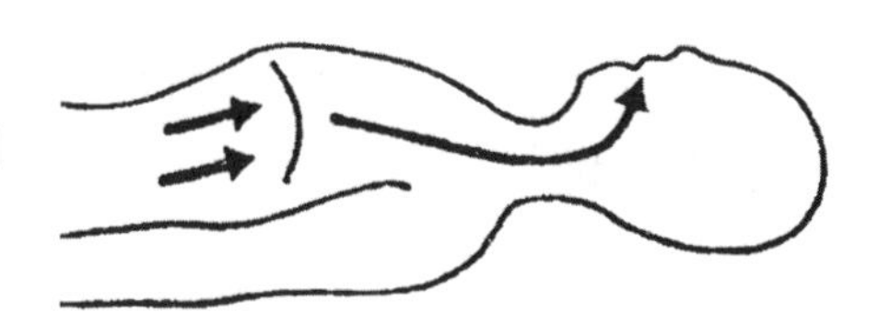

들숨을 쉴 때는 복부가 팽창하여 조금은 힘이 든다.

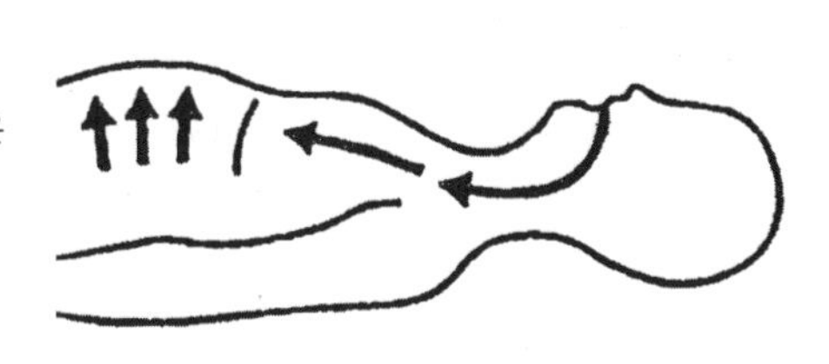

그림 3 누워 있을 때의 호흡

역기능적인(불건강한) 호흡의 두 가지 형태

호흡 중단 또는 질병과 관계되는 두 가지 종류의 주요 호흡 형태가 있다. 가슴으로 쉬는 호흡과 급하게 쉬는 호흡이다. 양자 모두 때로 호흡이 중단된다. 이러한 현상은 분명하지 않을 수도 있지만 간혹 분명하게 나타난다. 불확실한 경우라 할지라도 이러한 현상이 건강을 해친다는 것 역시 분명하다.

가슴으로 쉬는 흉부 호흡은 얕은 숨과 중간에 끊기는 숨이 포함된다. 이러한 호흡은 경고를 당했거나 놀랐을 경우 무의식적으로 일어나는 반응으로서 복부를 긴장시키고 가슴으로 숨을 급하게 쉬게 한다. 이러한 숨의 생리적 반응은 심장 박동을 증가시키고 혈압을 높이며 위장을 불편하게 하고 호흡기 증상이나 목, 어깨를 긴장하게 만든다. 습관적으로 이렇게 숨을 쉬면 병이 생긴다. 우리가 두려움을 학습하게

표 1 흉부 호흡 대 복부 호흡과 연합된 생리적 변화

흉부 호흡		복부 호흡(횡격막 호흡)
증가	심장 박동	감소
증가	혈압	감소
증가	심장 발작의 위험성	감소
증가	땀의 분비	감소
증가	소화 기관 결함	감소
증가	공황	감소
증가	가쁜 숨 증상	감소
감소	이완	증가
저하	체온	상승

될 때 불안 학습이 역기능적 호흡의 원인이 될 수 있다. 예를 들어 대중 앞에서 연설을 하며 얕고 급한 숨을 쉬게 되는 경우, 이러한 호흡은 이와 비슷했던 이전의 불안 경험과 조건화된 것으로 볼 수 있다.

그 다음의 형태, 즉 흉부로 쉬는 급한 호흡은 빠르고 얕으며 빈번한 한숨과 더불어 중간에 숨이 정지되는 것으로 특징된다. 이러한 숨을 쉬게 될 때는 혈중 이산화탄소의 수준이 내려감으로써 혈중 pH가 증가된다. 불안감, 공포감, 어지럼증, 고혈압 등이 이것과 연관된다. 우리는 보통 급한 숨을 몰아쉬게 되는 이러한 형태의 호흡이 일어나면 자기가 그러한 숨을 쉬고 있다는 것을 금방 알아차릴 수 있을 것이라고 생각한다. 그러나 때로는 그렇지 않을 수도 있다.

고질적 급호흡의 증상

- 호흡기계통 : 천식, 협심증, 호흡 중단, 과다한 한숨 또는 하품, 마른기침, 숨 가쁨
- 심장계통 : 가슴 떨림, 가슴 두근거림, 가슴 통증, 손바닥이 파래지는 레이노병(Raynaud's disease)
- 신경계통 : 어지럼증, 기절, 편두통, 신경이 둔해짐, 강한 광선이나 시끄러운 소리에 참기 어려워지는 것
- 위와 내장 : 삼키기 어려움, 목이 마름, 가스가 참, 트림, 차가운 배, 복통
- 근육 : 쥐가 남, 떨림, 경련, 근육통
- 심리적 : 긴장, 불안, 공포증

- 일반적 : 피로감, 쉽게 기진됨, 약해짐, 주의력 결핍과 기억력 상실, 수면 장애, 악몽

복부로 천천히 쉬는 호흡의 이점과 가슴으로 급하게 쉬는 호흡의 불이익

모든 생리적 과정은 신경계통에 의하여 통제된다. 교감신경계통이라 부르는 이 신경계통은 호흡에 의하여 크게 영향을 받는다. 우리들이 빨리, 얕게 그리고 가슴으로 숨을 쉬면 교감신경계통이 활성화된다. 이 결과로 심장 박동과 혈압이 증가하고 손발이 차게 되며 손바닥에 땀이 나는 등의 증상을 보이게 된다. 기절할 것 같은 고통을 겪는 사람들은 대부분 이러한 호흡 형태를 유지한다. 정서적 상태는 호흡 형태에 강력한 영향을 끼친다. 우리들은 놀라면 숨을 멈춘다. 놀람이나 위험 반응은 교감신경계통을 흥분시키며 흥분에 따라 생리적 변화가 일어난다.

한편, 안정된 복부 호흡을 하면 교감신경계통의 활동을 감소시켜 신체적 회복을 유도한다. 조용한 복부 호흡은 이미 심장 발작을 일으킨 사람들에게 관상동맥 문제를 절반 정도 방지한다고 알려져 있다. 이러한 호흡법은 높은 혈압과 빠른 심장 박동을 감소시키고 손발을 덥게 하며 땀의 분비를 줄이고 일반적 이완과 행복감을 증진시킨다.

수식관 등에서 복부로 고른 숨을 쉴 때 기억해야 할 점

- 숨을 '낮게 천천히' 쉰다. 배꼽 밑 아랫배 깊은 곳에 의식을 둔다.
- 몸에 짝 달라붙는 '청바지 입기 증후군'을 배제한다. 언제나 허리와 배가 쪼이는 옷을 입는 사람이라면 헐렁하게 만든 옷을 입어 보고 비교해 본다.
- 지금 약을 복용하고 있는 중이라면 의사와 의논 없이 그것을 변경하지 않는다.
- 만약 연습 중에 기절할 것 같은 느낌이 오면 연습을 중지한다. 천천히 날숨을 쉬면서 유연하게 주의를 그쪽으로 기울여 보라. 날숨을 길고 쉽게 쉬기 위해서는 아주 협소한 구멍으로 숨을 내쉬는 것처럼 '쉬-이'하는 소리를 천천히 내어 공기를 입 밖으로 내쉰다. '쉬-이'하는 소리가 천천히 숨을 쉬도록 자신을 각성하게 할 것이다.
- 억지로 하려고 하지 않는다. 모든 연습을 100% 노력하려 하지 말고 70% 내에서 노력하라. 목적은 자기 자신의 한계 내에서 하는 것이지 완전하게 하려는 것이 아니다.
- 스트레스 상황에서는 다음 숨을 쉬기 전 항상 날숨을 먼저 쉰다.
- 금방 성공할 것이라 기대하지 않는다. 참을성을 가져라. 이 기술을 완료하기까지는 몇 주 혹은 몇 달이 걸릴 수도 있다. 복부 호흡 초기에는 다른 행동 영역의 기능에 결함이 생길 수 있다. 예를 들면 말이 둔해진다거나 말하기 어려울 때가 있다. 또한 고른 숨을 쉬면서 악기를 연주하게 되면 연주에 집중하기 어려워질 수도 있

다. 그렇게 되는 이유는 악기를 연주하는 손과 팔이 급한 호흡에 맞추도록 학습했기 때문이다. 그러나 다시 새롭고 건강한 호흡법에 맞추어 재학습할 수 있다. 고른 숨이 비기능적인 근육 긴장과 스트레스성 흥분을 감소시키기 때문에 이전 수준보다 더 높은 수준의 연주를 가능하게 한다.

- 자신을 부드럽게 대한다. 숨을 천천히 쉬게 할 때는 감정이 밖으로 표출될 수 있다. 좀 희귀한 경우지만 복부로 숨을 쉬게 될 때 아주 강력한 감정을 경험하기도 한다. 이러한 경험은 때로 불쾌하게 느껴질 수도 있지만 아주 긍정적인 것이다.
- 숨을 쉬며 아랫배의 움직임을 감지하기 어려울 때는 거울을 보면서 숨쉬기를 하면 도움이 된다.
- 복부 호흡을 하도록 의식화하기 위하여 매일 아침 침대에서 깨어 일어나며 복부 호흡을 세 번 천천히 하고 "오늘은 다시 새로운 날이다!"라고 자신에게 말한다.

수식관을 위한 준비와 방법

고요한 환경을 택하고 몸과 마음 역시 안정시킨다. 수식관을 하는 동안 어떤 방해도 받지 않도록 미리 준비해 둔다. 보통 수식관을 할 때 스님들이 참선할 때와 같은 자세를 취하는 것이 좋다. 그러나 그런 자세로 앉아 있기 어려운 환자들이나 결가부좌에 익숙하지 못한 사람은 의자에 앉거나 누워도 된다. 그리고 수식관에 익숙해지면 차를 타고 가면서나 직장 및 가정 어느 곳에서든 그리고 어떤 일을 하면서든 고른 숨을 유지할 수 있도록 자신을 통제할 수 있게 된다.

두 개의 방석을 준비하고 그중 하나는 접어서 엉덩이 쪽을 높이 받치도록 한다. 그 위에 다른 하나를 펴서 양쪽 다리가 편안하도록 앉는다. 반가부좌는 한쪽 발을 다른 한쪽 허벅지 위에 올려놓는 방법이고, 결가부좌는 양쪽 발이 엮어지게 앉는 방법이다.

반가부좌로 앉을 때에는 왼쪽 발을 오른쪽 허벅지 위에 올려놓으며, 결가부좌를 할 때에는 오른발을 왼쪽 허벅지에 미리 올리고 왼쪽 발을 당겨 오른쪽 허벅지에 올려놓아 두 발이 꼬이게 한다. 가부좌를 하는 것이 수식관의 기본이지만 도중에 발이 저리거나 쥐가 나면 발의 위치를 서로 바꿔도 된다.

손의 위치는 오른손을 펴서 아래에 놓고, 왼손을 펴서 그 위에 놓는다. 그리고 양손 엄지손가락의 끝을 모아 타원형을 만들면서 서로 맞닿게 한다. 이렇게 단정하게 모은 두 손을 배꼽 밑 세 치쯤 되는 단전(丹田) 앞으로 끌어당겨 편안하게 한다. 척추는 꼿꼿이 세우며 머리부터 허리 아래 꽁지 뼈 끝까지 수직으로 세운다. 수식관을 할 때 이러한 몸의 자세를 취하는 것은 몸이 좌우나 앞뒤로 기울어지지 않도록 평형을 취할 수 있는 방법이기 때문이다.

수식관을 할 때 눈을 감으면 잠이 오거나 멍해질 염려가 있고, 눈을 뜨면 마음이 산란해질 염려가 있다. 그래서 보통 눈을 감지도 않고 완전히 뜨지도 않은 상태에서 쉬게 한다. 눈을 크게 뜨고 사물을 주시해도 사물과 조건화된 감정이나 생각이 일어나지 않아야 마음이 쉬었다는 증거가 되지만, 초심자는 시각적 자극을 피하기 위해 처음에는 눈을 감다가 익숙해지면 눈을 뜨고 하는 것이 좋다.

숨은 누구나 쉬어야 하는 것이며 어떤 감정이나 생각을 일으킴에 따라 즉시 변하게 된다. 자신이 지금 어떤 숨을 쉬고 있는지 점검하는 것은 바로 자신이 어떤 감정이나 생각에 사로잡혀 있는가를 인식하는 기준으로 삼을 수 있다. 숨만 안정시키면 감정이나 생각 그리고 행동 역시 안정시킬 수 있게 된다.

호흡은 길게, 고르게, 깊게 하는 것이 기본이다. 호흡을 천천히 하면 자연히 들숨과 날숨이 길어지게 된다. 숨을 들이쉬고 내쉬는 길이의 차이가 약간 다를 수도 있다. 보통 들이쉬는 숨이 약간 짧고 가벼운데 비하여 내쉬는 숨은 그보다 길고 무겁다. 그러나 처음부터 숨을 길게 쉬려고 무리할 필요는 없다. 지나치게 힘이 들지 않도록 조금씩 숨의 길이를 늘려 가면 된다. 숨을 여리고 고르게 쉬라고 하는 것은 보통 콧속의 털이 움직이지 않도록 조용히 쉬라는 의미로 표현되기도 한다. 아주 천천히 그리고 고르게 숨을 쉬라는 뜻이다.

본래 건강한 숨은 길고 여리고 고르게 복부로 쉬는 숨이다. 그러나 보통 사람들은 짧고 급하고 얕게 가슴으로 숨을 쉰다. 그렇게 가슴으로 급하게 불규칙적으로 쉬는 숨은 보통 불안하거나 두려움을 느낄 때 쉬게 되는 숨이다. 그런 숨을 쉴 필요가 없는 상황에서도 그렇게 되는 것은 불안을 경험했을 때 학습된 것이 평상시의 숨으로 일반화된 결과이다. 수식관은 이렇게 긴장이나 불안과 조건화된 얕은 숨을 건강한 숨으로 되돌리는 훈련 방법이 되기도 한다.

수식관은 일생을 통하여 지속되어야 할 호흡법이며 명상법이다. 수식관은 처음에 의도적인 것이 되지만 점차 익숙해지면－일상생활에서 자동적으로－어떤 상황에서나 지속되는 자신의 스타일로 정착된다.

숨은 누구나 그리고 언제나 쉬어야 하는 것이므로 자신의 숨을 통해 몸과 마음에서 어떤 현상이 일어나는가에 대한 단서를 찾고 다시 고른 숨을 유지하는 것은 스트레스나 긴장감, 분노나 악한 생각 등을 통제하고 관리하는 좋은 방법이 된다. 수식관은 자신을 더욱 성숙된 사람으로 승화시키게 한다.

수식관 스크립트

고요한 장소에 결가부좌로 앉거나 반가부좌로 앉는다. 수식관을 하고 있는 동안 아무런 방해도 받지 않도록 미리 조치해 둔다. 방이 너무 덥거나 추워도 좋지 않고, 배가 너무 고프거나 불러도 좋지 않다. 또한 너무 밝거나 어두워도 좋지 않다. 헐거운 옷을 입어 몸의 어떤 부위도 쪼이거나 긴장을 받지 않도록 한다. 다른 사람들과 함께 수식관을 하는 것은 좋지만, 다른 사람이 있는 곳에서 혼자 수식관을 하는 것은 좋지 않다. 수식관을 하는 동안 자신의 주의를 산란하게 할 만한 조건들을 미리 모두 통제해 둔다.

몸의 어떤 부분이 아프거나 긴장되어 있으면 집중하기 어렵기 때문에, 결가부좌로 앉기 전에 가벼운 운동으로 몸을 풀어 둔다. 다음과 같은 스크립트로 수식관에 들어간다.

눈을 조용히 감고 심신을 안정시키십시오. 그리고 자신의 호흡에 주의를 기울이십시오. 수식관은 숨을 고르게 하는 방법입니다. 고른 숨은, 고른 숨을 방해하는 모든 병을 낫게 하는 방법이 됩니다. 숨을 코로 천천히 그리고 규칙적으로 쉬면서 날숨 끝에 '하나~'라고 세고, 다시 날숨이 나갈 때 '둘~'이라고 세십시오. 이러한 요령으로 '열~'까지 셉니다. '열'을 다 센 후에는 다시 '하나'부터 시작합니다. 중간에 수를 놓치면 다시 '하나'로 돌아와 세어 가십시오.

숨을 놓치지 않고 '열'까지 셀 수 있게 되고, 숨을 아주 고르게 그리고 천천히 쉴 수 있게 되면 숨 세기를 그만 두고 이제는 숨이 들어오고 나감을 마음으로 따릅니다. 그리고 숨이 들어올 때 마음도 숨을 따라 "숨이 들어오는구나." 하고, 숨이 나갈 때는 "숨이 나가는구나." 하고 따릅니다. 들어오고… 나가고… 들어오고… 나가고… 그렇게 숨을 마음으로 따르면서 숨이 점차 더 깊어지고 조용해지는 것을 고요히 지켜보십시오. 그렇게 되도록 자신에게 충분한 시간을 주십시오.

숨을 마음으로 따르면서 더 깊게, 느리게, 그리고 고요하게, 아주 고요하게 쉬도록 하십시오. 숨이 나가는구나… 숨이 들어오는구나… 숨이 나가는구나… 숨이 들어오는구나….

숨을 마음으로 따라 더 깊고 고요한 숨을 쉬게 되었으면 그렇게 안정된 숨이 다시 흩어지지 않도록 그 숨의 길목인 코끝에 꼭 묶어 놓도록 하십시오. 이제 숨에 주의하지 않더라도 숨이 급해지는 일은 생기지 않게 됩니다. 안정된 숨과 더불어 몸과 마음 역시 깊이 안정되는 것을 느끼십시오. 그리고 마음은 더욱 환하게 밝아지며 심신에 어떤 동요도 없이 자신이나 사물을 바라볼 수 있게 됩니다. 그렇게 생각이 정지된 상태를 유지하면서 몇 분 동안 그 고요함을 음미하십시오.

수식문, 수문, 그리고 지문으로 고른 숨을 쉬게 한 이후, 숨에 집중했던 마음조차 정지시키고 다음 단계인 관문과 환문, 그리고 정문으로 들어간다.

이제는 관문과 환문으로 들어갑니다. 관문에서 자신의 몸은 먹고, 마시고, 불을 쪼이며, 숨을 쉬는 등 신진대사를 통하여 들어오고 나가는 지수화풍, 사대 원소들의 반복적 모임과 흩어짐으로 유지되어가다가 어느 순간 죽음으로 끝나는 것임을 보십시오. 인간의 마음 역시 육체와 육체에 속한 감각 기관을 통해 시시각각으로 경험하게 되는 환경과의 인연(因緣)으로 점차 형성되어 가는 자신과 사물에 대한 느낌, 의지, 그리고 생각들이 오온연기에 불과하다는 것을 심상을 통하여 관찰하십시오.

그리고 환문으로 들어갑니다. 환문에서는 자신의 몸 그리고 마음이 연기의 결과로 고정되어 있지 않고 비어 있는 것임을 보십시오. 허공이 산하와 대지, 착한 법과 착하지 않은 법, 모든 것을 포용하고 있는 것과 같이 빈 마음속에 자신이 경험한 착한 법이나 악한 법 등 모든 것이 채워져 있음을 보십시오. 모든 것은 연기하고 변하여 갑니다. 그리고 연기하며 변하여 가는 모든 현상의 본질은 비어 있는 것입니다. 본질이 미리 고정되어 있다면 연기나 변화가 일어날 수 없습니다. 마음이 비어 있다는 것은 곧 자신의 몸과 마음이 한순간도 머물지 않고 순간순간 변하여 가는 환경 조건에 적응해 갈 수 있다는 지혜를 의미합니다. 망심이란 본심이 엉기거나 고착된 결과입니다. 그렇게 고착된 망심으로는 환경에 적응해 갈 수 없습니다. 우리에게는 이렇게 생각이 어딘가에 엉기고 고착된 망심을 본래의 모습대로 회복하게 하는 작업이 필요합니다. 그래야 '시장하면 먹고, 피곤하면 잔다'는 자유로운 평상심을 되찾을 수 있습니다. 공무아는 연기의 전제 조건입니다. 인간은 본래 무아로서 인연의 힘에 의하여 움직이게 되어 있습니다. 이러한 인연의 힘을 연기의 이법이라 부릅니다. 연기의 이법에 일치하도록 자신을 비우는 것, 그것을 견성이라 합니다.

수식관의 마지막 단계는 정문입니다. 정문에서는 자신의 본심이 어디에도 걸림이 없는 공이며 무아라는 것을 관하며 느끼도록 합니다. 어떤 생각도 일으키지 않도록 하십시오. 자성이 본래 무임을 느껴보십시오. 마음에 걸림이 없으므로 탐욕도 분노도 어리석음도 없습니다. 허공이 환경 조건에 따라서 빛이 오면 밝아지고 어둠이 오면 깜깜해지는 것과 같이 본래 비어 있음으로 해서 무상하게 변하는 환경에 어떤 걸림도 없이 적응해갈 수 있도록 하는 본심을 느껴보십시오. 초심(初心)을 선심(禪心)이라 합니다. 초심이란 이전 경험에 의하여 방해를 받지 않는 거울과 같은 마음을 뜻합니다. 당신의 마음이 무엇에 엉기고 굳어져 있는지를 보십시오. 그러한 부자유스러움으로 해탈할 유일한 방법이 본심, 정심을 유지하는 방법임을 알고 허공과 같은 정심을 느끼며 체득하도록 하십시오. 어떤 생각도 일으키지 않음을 부처라 합니다…. 정심에 머물다가 천천히 눈을 뜨십시오.

03

사념처

육경(색성향미촉법)이 번뇌를 일으키면 마음에 번뇌가 있다는 것을 알 수 있다.

사념처는 초기 불교의 대표적 수행법으로 통찰 명상이라 하기도 하고 '마음 챙김' 수행법 또는 위빠사나 수행이라 부르기도 한다. 사념처의 목적은 자신의 행동, 감정, 인지가 삼독(三毒)에 속하는 육체적 욕망과 분노, 그리고 어리석은 생각에 의하여 어떤 방해도 받지 않고 모든 것을 '진실한 모습' 그대로 보고 느끼고 반응할 수 있도록 하기 위함이다. 사념처의 특징은 자신의 신체와 연관되어 일어나는 크고 작은 동작과 생각, 육근을 통하여 경험하게 되는 감각적 자극과 반응, 그리고 자신의 사물 지각과 판단 하나하나에 주의를 집중하여 면밀히 관찰하고 분석함으로써 올바른 생각으로 자기의 행동과 감정 그리고 생각을 통제할 수 있도록 하는 인지-행동적 접근법이다. 중아함경(中阿含經)에 기록되어 있는 사념처의 내용을 소개하면 다음과 같다(이연숙, 1992).

신념처(身念處)

1. 다니면 다니는 줄 알고, 머물면 머무는 줄 알며, 앉으면 앉는 줄 알고, 누우면 눕는 줄 아는 등 일거수일투족을 다 관찰한다.
2. 일거수일투족에 있어 질서 있게 하는 것을 안다.
3. 악한 생각이 나면 착한 생각으로써 다스려 끊고 멸한다.
4. 아래윗니를 서로 붙이고 혀를 윗잇몸 천장에 대어 마음으로써 마음을 다스린다.
5. 들숨 날숨을 잘 관찰하고, 몸의 행을 그쳐 숨 들이쉬기를 배우며, 입의 행을 그쳐 숨 내쉬기를 배운다.
6. 욕을 떠나는 데서 생기는 기쁨과 즐거움이 충만하게 한다.
7. 정(定)에서 생기는 기쁨과 즐거움이 충만하게 한다.
8. 기쁨을 헤아리지 않는 데서 생기는 즐거움이 충만하게 한다.
9. 청정한 마음이 충만하게 한다.
10. 광명상(光明想)을 지어 생각한 바를 잘 기억하여 어둠에 덮이지 않게 한다.
11. 자신의 관찰하는 모습을 잘 받아들이고 생각한 바를 잘 기억한다.
12. 이 몸 가운데에는 온갖 더러운 것이 충만해 있다고 관찰한다.
13. 이 몸 가운데 땅의 요소, 물의 요소, 불의 요소, 바람의 요소, 허공의 요소, 의식의 요소가 있다고 관찰한다.
14. 자신의 송장이 까마귀나 솔개에게 쪼이고, 승냥이나 이리에게 먹히며, 불에 태워지고 땅 속에서 썩어 문드러지게 될 것을 관찰

한다.

15. 자신의 해골이 무덤가에서 푸른색으로 썩어 문드러지고, 남은 뼈가 땅에 나뒹굴게 될 것을 관찰한다.
16. 묘지에 버려진 자신의 송장이 다 썩어 없어지고 오로지 힘줄만 서로 엉켜 있게 될 것을 관찰한다.
17. 묘지에 버려진 자신의 뼈가 여러 곳에 흩어져 발뼈, 허리뼈, 어깨뼈, 등뼈, 목뼈, 머리뼈 등이 제각기 다른 곳에서 나뒹굴게 될 것을 관찰한다.
18. 묘지에 버려진 자신의 뼈가 희기는 마치 소라와 같고, 푸르기는 마치 집비둘기 같으며, 붉기는 피를 칠한 것 같음과 썩어 문드러지고 부서져 가루가 될 것을 관찰한다.

수념처(受念處)

1. 즐거운 감각을 관찰하여 그 맛과 멸함을 안다.
2. 괴로운 감각을 관찰하여 그 맛과 멸함을 안다.
3. 괴롭지도 즐겁지도 않은 감각을 관찰하여 그 맛과 멸함을 안다.
4. 맛좋은 음식을 관찰하여 그 맛과 멸함을 안다.
5. 맛없는 음식을 관찰하여 그 맛과 멸함을 안다.
6. 맛있지도 않고 맛없지도 않은 음식을 관찰하여 그 맛과 멸함을 안다.
7. 몸의 쾌감을 관찰하여 그 맛과 멸함을 안다.
8. 몸의 불쾌감과 괴로움을 관찰하여 그 맛과 멸함을 안다.

9. 몸의 즐겁지도 괴롭지도 않은 감각을 관찰하여 그 맛과 멸함을 안다.
10. 즐거운 마음을 관찰하여 그 맛과 멸함을 안다.
11. 괴로운 마음을 관찰하여 그 맛과 멸함을 안다.
12. 즐겁지도 괴롭지도 않은 마음을 관찰하여 그 맛과 멸함을 안다.
13. 즐거운 욕심을 관찰하여 그 맛과 멸함을 안다.
14. 괴로운 욕심을 관찰하여 그 맛과 멸함을 안다.
15. 괴롭지도 즐겁지도 않은 욕심을 관찰하여 그 맛과 멸함을 안다.
16. 욕심이 없는 즐거운 느낌을 관찰하여 그 맛과 멸함을 안다.
17. 욕심이 없는 괴로운 느낌을 관찰하여 그 맛과 멸함을 안다.
18. 욕심이 없는 괴롭지도 즐겁지도 않은 느낌을 관찰하여 그 맛과 멸함을 안다.

심념처(心念處)

1. 욕심이 있다면 욕심이 있다는 참뜻을 알고, 욕심이 없으면 욕심이 없다는 참뜻을 안다.
2. 성냄이 있으면 성냄이 있다는 참뜻을 알고, 성냄이 없으면 성냄이 없다는 참뜻을 안다.
3. 어리석음이 있으면 어리석음이 있다는 참뜻을 알고, 어리석음이 없으면 어리석음이 없다는 참뜻을 안다.
4. 더러움이 있으면 더러움이 있다는 참뜻을 알고, 더러움이 없으면 더러움이 없다는 참뜻을 안다.

5. 모임이 있으면 모임이 있다는 참뜻을 알고, 흩어짐이 있으면 흩어짐이 있다는 참뜻을 안다.
6. 낮춤이 있으면 낮춤이 있다는 참뜻을 알고, 높임이 있으면 높임이 있다는 참뜻을 안다.
7. 닦음이 있으면 닦음이 있다는 참뜻을 알고, 닦지 않음이 있으면 닦지 않음이 있다는 참뜻을 안다.
8. 정(定)함이 있으면 정함이 있다는 참뜻을 알고, 정하지 않음이 있으면 정하지 않음이 있다는 참뜻을 안다.
9. 해탈하지 않은 마음이 있으면 해탈하지 않은 마음이 있다는 참뜻을 알고, 해탈한 마음이 있으면 해탈한 마음이 있다는 참뜻을 안다.

법념처(法念處)

1. 눈이 빛깔을 반연(원인을 도와서 결과를 맺게 함)함으로써 번뇌가 생기면 마음에 번뇌가 있다는 참뜻을 알고, 이미 생긴 번뇌가 멸해 다시 생기지 않으면 그 참뜻을 안다.
2. 귀가 소리를 반연함으로써 번뇌가 생기면 마음에 번뇌가 있다는 참뜻을 알고, 이미 생긴 번뇌가 멸해 다시 생기지 않으면 그 참뜻을 안다.
3. 코가 냄새를 반연함으로써 번뇌가 생기면 마음에 번뇌가 있다는 참뜻을 알고, 이미 생긴 번뇌가 멸해 다시 생기지 않으면 그 참뜻을 안다.

4. 혀가 맛을 반연함으로써 번뇌가 생기면 마음에 번뇌가 있다는 참뜻을 알고, 이미 생긴 번뇌가 멸해 다시 생기지 않으면 그 참뜻을 안다.
5. 몸이 닿음을 반연함으로써 번뇌가 생기면 마음에 번뇌가 있다는 참뜻을 알고, 이미 생긴 번뇌가 멸해 다시 생기지 않으면 그 참뜻을 안다.
6. 뜻이 법을 반연함으로써 번뇌가 생기면 마음에 번뇌가 있다는 참뜻을 알고, 이미 생긴 번뇌가 멸해 다시 생기지 않으면 그 참뜻을 안다.
7. 마음속에서 오개(탐욕, 성냄, 잠, 들뜸, 의심)가 생기고 멸하는 참뜻을 안다.
8. 마음속에서 칠각지(七覺支)가 생기고 멸하는 참뜻을 안다.

법념처에 언급되고 있는 오개 대치법 중 욕정을 대치하는 방법으로 적용하는 기법은 다음과 같다.

1. 부정관을 할 것
2. 부정관에 전념할 것
3. 감각 기관을 잘 제어할 것
4. 음식에 대하여 소중한 생각을 지니고 양을 조절할 것
5. 도심이 굳은 좋은 벗을 가까이 할 것
6. 감각적 욕망에 대한 말을 피하고 욕망을 제어하는 말을 할 것

칠각지에서 마음 챙김을 향상시키는 방법으로 제시하는 네 가지 방법은 다음과 같다.

1. 분명한 앎과 함께 마음 챙김을 지닐 것
2. 마음이 혼란한 이들을 멀리할 것
3. 마음 챙김을 지니고 있는 이들과 가까이 할 것
4. 마음 챙김에 마음을 기울일 것

사념처는 신념처(身念處) → 수념처(受念處) → 심념처(心念處) → 법념처(法念處)의 순서로 되어 있지만 그 순서를 법념처 → 심념처 → 신념처 → 수념처로 바꾸어 보면 그 네 가지 영역 간에 일련의 연관성을 발견하게 된다. 즉, 육경이 번뇌를 일으키면 그것은 곧 마음에 번뇌가 있다는 사실을 알아차려 마음을 살피는 동시에 그러한 마음에 따라 육체적으로 일어나는 탐욕을 통제하는 여러 가지 방법을 모색한다. 또한 그러한 마음에 따라 일어날 수 있는 감정적 반응의 통제 방법을 적용하도록 가르쳐 주고 있다. 사념처 간의 이러한 연관성을 그림으로 나타내면 〈그림 4〉와 같다.

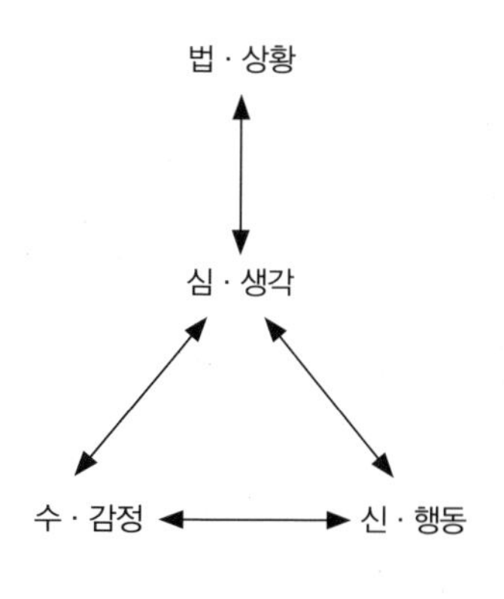

그림 4 사념처의 상호 작용

〈그림 4〉는 지금의 인지-행동 치료자들(Beck, 1990; Ellis, 1987; Meichenbaum, 1977)이 “개인의 고통은 환경의 탓이 아니라 그것을 어떻게 지각하고 판단하는가

에 달려 있다."고 하는 것과 병행하며 내적 대화나 자기지시를 통하여 자신의 생각과 행동 그리고 감정을 스스로 통제하도록 하는 방법과 일치한다.

우리들은 심념처에 해당되는 난에 긍정적 내적 대화가 들어갈 때와 부정적 내적 대화가 들어갈 때 나타날 각각 다른 감정적 · 생리적 변화와 행동 반응을 예상할 수 있다. 또한 내적 대화에 따른 감정과 행동이 일어나면 그것은 육경에 조건화된 번뇌를 강화하게 된다.

우리는 괴로운 일을 만났을 때, 즐거운 일이나 즐겁지 않은 일을 만났을 때, 욕심이 생기는 상황을 만났을 때 이를 각각 통제하며 항상 법에 일치하는 행동을 할 수 있도록 하는 대치법으로서 달마 대사가 그의 제자들을 위하여 제시한 사행을 스트레스 상황에서 자기통제를 위한 내적 대화의 내용으로 적용할 수 있다. 동일한 상황도 우리가 그 상황을 어떻게 지각하고 판단하는가에 따라 달라지며 개인의 내적 대화의 성질에 따라 현실 경험 역시 달라진다. 사행의 내용은 사념처의 내용과도 병행한다. 그 내용은 다음과 같다.

1. 보원행(報怨行) : 수행자가 괴로움을 받았을 때 "나는 무량겁의 옛날로부터 근본을 잊고 지말(枝末)을 추구하여 미혹의 세계를 방황해서 타인에 대하여 원증하는 마음을 일으키고 여러 사람들을 한없이 괴롭혔다. 지금 죄지은 일은 없지만 이것은 모두 과거세의 과보다. 악업의 과보는 벗어날 수 없지만 천신이나 악마가 시킨 것은 아니다."라고 자신에게 말함으로써 남을 일체 원망하지 않는다.

2. 수연행(隨緣行) : 수행자가 즐거운 일이나 괴로운 일을 만났을 때 "인간은 무아다. 누구나 인연의 힘에 의하여 움직이고 있음에 불과하다. 괴로움도 즐거움도 있는 그대로 받아들여 모두가 연에 의하여 생긴 것이라고 생각한다. 좋은 갚음이나 영예 등을 받아도 모두 자기가 모르는 과거 업의 탓이고, 지금 비로소 얻기는 하였지만 연이 다하면 이전 상태로 돌아가는 것이니 아무런 기뻐할 것도 없다."고 자신에게 말하면서 모든 득실을 연에 맡겨, 마음을 증감시키는 일을 하지 않고, 희로애락에 사로잡히지 않으며, 부지불식(不知不識) 중에 도(道)와 일치하게 한다.
3. 무소구행(無所求行) : 수행자에게 욕심이 생기면 "세상 사람들은 항상 미혹과 탐욕에 빠져 있다. 이것이 욕구다. 지자(智者)는 도리를 알고 있어서 근본적으로 세상 사람들과 역으로 마음을 무위(無爲)에 두며 모든 것을 운에 맡기고 모든 것을 공이라 생각하여 욕구라는 것이 없다. 공덕천(功德天)과 흑암녀(黑闇女)의 자매는 항상 함께 있어서 떠나지 않는다. 오랫동안 살아 온 삼계(三界)는 화택(火宅)이다. 신체가 있는 한 누구나 고(苦)를 면치 못한다. 거기에 안착할 수는 없다."라고 간파하여 어느 것에도 집착이 없고 구하는 것이 없다. 그리고 "구하는 것이 있는 한 누구나 고(苦)를 면치 못한다. 구하는 것이 없으면 그대로 즐겁다."는 확신으로서 무구(無求)야말로 도의 생활이라는 것을 안다.
4. 칭법행(稱法行) : 수행자는 "청정의 이(理)를 법으로 하여 법에는 중생이 없다. 중생이라는 관념을 벗어나고 있기 때문이다. 법에는 자아라는 것이 없다. 자아라는 관념을 벗어나고 있기 때문이다."

라는 것을 알고, 법 그 자체가 인색하지 않는 것과 같이 신명과 재산을 다해서 보시행을 실천하며 마음에 인색함이 없다. 또한 시여하는 자신도, 상대도, 물질도 모두 공이라 간파하여 보시행에 마음을 집착시키는 일이 없으며, 자기가 중생이라는 의식을 없애기 위하여 사람들에게 봉사하는 형태에 집착하지도 않는다. 자리리타(自利利他)로 보살의 빛을 빛낸다.

사행은 특히 Type A 행동 특성의 결과로 지금 관상동맥경화증이나 이와 유사한 위험한 병을 앓고 있는 사람이 자기치유를 위하여 꼭 채택하고 실천할 자기 대화의 내용이다.

연습 문제-스트레스 일지 쓰기

다음과 같은 형식의 스트레스 일지에 자신이 언제, 어떤 상황에서 스트레스를 경험하게 되었는지, 그때의 생각과 내적 대화, 그때의 감정과 생리 반응 그리고 그때의 행동 결과를 기록한다. 스트레스 일지는 자신의 생각과 내적 대화가 자신의 감정과 행동에 어떤 영향을 주는지 알게 하며, 자기치유의 방법으로 적용할 사념처가 자기의 생각과 감정 그리고 행동에 어떤 영향을 끼치게 되었는지를 평가하는 자료로 이용할 수 있다.

법념처에서 언급하고 있는 오개 대치나 칠각지는 그 예에서 볼 수 있는 것과 같이 인지-행동적 접근법이다. 거기에는 수행을 방해하는 다섯 가지 방해물(욕정, 분노, 잠, 의심, 무력감) 등 부정관과 같은 심상을 이용한 자기통제, 물리적 환경을 통제함으로써 감각 기관을 수호하는 방법, 적절한 다이어트, 도심이 굳은 벗을 가까이 하도록 하는 사회적 환경의 통제, 그리고 욕정을 자극하거나 강화하는 말을 피하는 방법까

스트레스 일지

날짜/시간	상황(法)	생각/내적 대화(心)	감정/생리 반응(受)	행동 결과(身)

스트레스 일지는 자신의 내적 대화가 점차 법에 일치되는 긍정적인 방향으로 변하면서 그에 따라 부정적 감정이 긍정적 감정으로 변하게 되고, 또한 자신의 신체적 행동과 생리 현상이 안정을 유지할 수 있게 됨을 보게 할 것이다. 스트레스 일지는 본 무념치유의 효과를 증명하는 측정 도구로 적용할 수 있다.

도 포함되어 있다. 칠각지의 내용 역시 오개 대치법과 병행한다.

사념처를 통한 자기치유

사념처는 심상과 인지 그리고 행동 변화가 중심이다. 수행자는 육경이 번뇌를 일으키면 그것은 육경의 탓이 아니라 마음에 번뇌가 있는 것이라는 사실을 즉시 알아차리고 마음을 다스리는 방법을 모색하는 동시에 자신의 어리석은 마음에 의하여 행동과 감정이 움직이지 않도록 몸과 감정을 통제하는 방법들로 구성되어 있다. 탐진치가 인과 관계에 있는 것과 같이 사념처 역시 인과 관계에 있다. 사념처를 통하여 성취할 수 있는 자기치유를 각각 나열하면 다음과 같다.

신념처

신념처는 '다니면 다니는 줄 알고 머물면 머무는 줄 알고'와 같은 행동 통제, '악한 생각이 나면 착한 생각으로써 다스려 끊게'하는 방법, 호흡과 행동을 조절하는 방법, 욕을 떠나는 데서 오는 기쁨, 마음의 고요함과 기쁨을 얻으려 하지 않는 데서 오는 즐거움, 광명상을 지어 생각한 바를 잘 기억하도록 하는 방법, 심상을 통하여 몸 안에 더러운 것이 가득 차 있다고 상상하게 함으로써 자신의 신체적 · 물질적 욕망으로부터 자신을 통제하는 방법들로 구성되어 있다. 신념처에서 내적 관찰 또는 심상을 통하여 육체적 탐욕을 통제하기 위해 제시하고 있는 방법들을 행동치료에서 심리학자들(Kazdin, 2001)이 심상을 이용한 자기통제기법의 심리학적 원리와 비교하면 다음과 같다.

심상과 인지를 이용하여 신체적 번뇌를 통제하는 방법

내적 민감화

신념처 : 몸 가운데 온갖 더러운 것이 충만해 있음을 관(觀)한다.
죽은 후 육체가 혐오스런 모습으로 변하면서 흩어진다.

심리학적 원리 : 자신이 제거해야 할 표적 행동(예 : 욕정)을 상상하면서 행동의 혐오적 결과를 상상한다.

내적 소거(消去)

신념처 : 이 몸 가운데 땅의 요소, 물의 요소, 불의 요소, 바람의 요소, 허공의 요소, 의식의 요소가 있다고 관찰한다.

심리학적 원리 : 자신이 감소시켜야 할 표적 행동(예 : 육체에 대한 집착)을 상상하면서 그런 생각을 유지하게 할 강화인(强化因)이 없다고 상상한다.

내적 행동 대가(行動代價)

신념처 : 악한 생각이 나면(그것이 장차 가져다 줄 우환을 생각하고) 착한 생각으로 다스려 끊는다.
아래윗니를 서로 붙이고 혀를 윗잇몸 천장에 대어 마음으로써 마음을 다스린다.

심리학적 원리 : 자신이 감소시켜야 할 표적 행동(예 : 갈애)을 상상하면서 그 결과로 자신이 잃게 될 귀중한 조건을 상상한다.

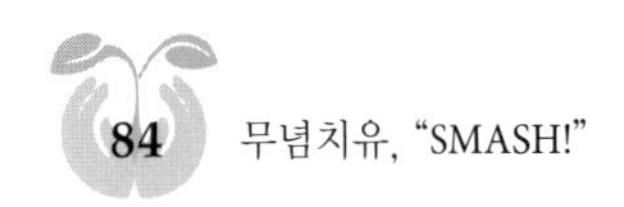

내적 정적 강화

신념처 : 정(定)에서 생기는 기쁨과 즐거움을 충만하게 한다.
다니면 다니는 줄 알고 머물면 머무는 줄 안다.
일거수일투족에 있어 질서 있게 하는 것을 안다.
청명상을 지어 생각한 바를 잘 기억하여 어둠에 덮이지 않도록 한다.

심리학적 원리 : 표적 행동(예 : 바른 행동)을 상상하면서 그런 행동이 강화될 수 있는 긍정적인 장면을 상상한다.

내적 부적 강화

신념처 : 욕을 떠나는 데서 생기는 기쁨과 즐거움이 충만하게 한다.
기쁨을 헤아리지 않는 데서 생기는 즐거움이 충만하게 한다.

심리학적 원리 : 혐오적 상황(육체적 · 정신적 고통)을 상상한 뒤 그런 혐오적 상황을 종식시킬 수 있는 행동을 상상한다.

내적 모델링

신념처 : 사념처를 설한 부처님을 마음에 새기고 그의 가르침을 따른다.

심리학적 원리 : 닮고 싶은 모델을 상상하며 그 사람의 바른 행동이 어떤 긍정적 결과를 가져 오는지 상상하고 자신도 따라하는 모습을 심상으로 마음에 떠올린다.

우리는 신념처에 포함된 이러한 심상법들을 자기치유에 유용하게 적용할 수 있다. 예를 들어 자기의 몸속에 온갖 더러운 것이 충만해 있

다는 부정관(不淨觀)은 지금 신체적 질병을 앓고 있는 사람에게 있어서 부정할 수 없는 현실이므로 그처럼 부정한 몸이 자신의 행동 변화와 더불어 본래의 깨끗하고 온전한 형태로 점차 회복되어 가는 모습을 치유 심상으로 선택할 수 있다. 그리고 그 외에도 악한 생각을 착한 생각으로 끊는다든가, 일거수일투족을 질서 있게 한다든가, 정(定)에서 생기는 기쁨과 즐거움을 충만하게 한다든가, 욕을 떠나는 데서 생기는 기쁨과 즐거움을 충만하게 한다든가, 부처님을 마음에 떠올리며 그를 따르는 심상 등은 모두 자신을 안심시키고 자기의 병을 스스로 낫게 하는 인지-행동적 자기치유법이 된다.

수념처

수념처는 감정을 통제하는 방법이다. 특히 자신이 병을 얻었을 때 감정적 동요를 크게 경험하게 된다. 그리고 질병의 증상으로 나타나는 통증은 자신을 긴장시키며 불안과 두려움을 야기한다. 긴장하면 할수록 그리고 불안해하면 할수록 통증에 대하여 더 민감해져 통증이 더 심해진다. 수념처에 포함되어 있는 방법들은 육경을 통하여 여러 가지 모양으로 나타나게 되는 통증을 억지로 피하거나 밀어내려 하지 않는다. 그것을 맛보면서 그것이 스스로 멸하는 것을 조용히 바라보게 하는 방법이자 스스로 없어지도록 하는 방법이다. 수념처에 소개되고 있는 방법들은 환자가 장차 경험하게 될 큰 스트레스를 인내할 수 있도록 미리 연습하는 스트레스 예방 접종법(Meichenbaum, 1977)과 비교된다. 감각을 통하여, 맛을 통하여, 몸을 통하여, 마음을 통하여 그리고 욕심의 버림을 통하여 이를 각각 통제하도록 하는 수념처를 정리하면 다음과 같다.

스트레스 예방 훈련법으로서의 수념처

---

(1) 감각적으로 경험하는 느낌

즐거운 감각을 관찰하여 그 맛과 멸함을 안다.

괴로운 감각을 관찰하여 그 맛과 멸함을 안다.

괴롭지도 즐겁지도 않은 감각을 관찰하여 그 맛과 멸함을 안다.

---

(2) 맛으로 경험하는 느낌

맛좋은 음식을 관찰하여 그 맛과 멸함을 안다.

맛없는 음식을 관찰하여 그 맛과 멸함을 안다.

맛있지도 않고 맛없지도 않은 음식을 관찰하여 그 맛과 멸함을 안다.

---

(3) 몸으로 경험하는 느낌

몸의 쾌감을 관찰하여 그 맛과 멸함을 안다.

몸의 불쾌감과 괴로움을 관찰하여 그 맛과 멸함을 안다.

몸의 즐겁지도 괴롭지도 않은 감각을 관찰하여 그 맛과 멸함을 안다.

---

(4) 마음으로 경험하는 느낌

즐거운 마음을 관찰하여 그 맛과 멸함을 안다.

괴로운 마음을 관찰하여 그 맛과 멸함을 안다.

즐겁지도 괴롭지도 않은 마음을 관찰하여 그 맛과 멸함을 안다.

⑸ 욕심으로 경험하는 느낌

즐거운 욕심을 관찰하여 그 맛과 멸함을 안다.

괴로운 욕심을 관찰하여 그 맛과 멸함을 안다.

괴롭지도 즐겁지도 않은 욕심을 관찰하여 그 맛과 멸함을 안다.

⑹ 욕심이 없는 데서 경험하는 느낌

욕심이 없는 즐거운 느낌을 관찰하여 그 맛과 멸함을 안다.

욕심이 없는 괴로운 느낌을 관찰하여 그 맛과 멸함을 안다.

욕심이 없는 괴롭지도 즐겁지도 않은 느낌을 관찰하여 그 맛과 멸함을 안다.

수념처는 즐거운 맛, 괴로운 맛, 즐겁지도 괴롭지도 않은 맛 등 어떤 맛에도 일희일비(一喜一悲)하지 않고 그대로 수용할 수 있도록 하는 훈련이다. 질병을 원하는 사람은 없다. 그러나 질병을 얻게 된 경우, 그것을 연에 의한 것이라 생각하면서 질병 또한 연이 다하면 사라지게 된다는 확신으로 인내하게 되면 회복의 속도를 앞당길 수 있다.

심념처

심념처는 육경이 번뇌를 일으키면 마음에 번뇌가 있다는 것을 알아차리고 자신의 마음에 욕심이 있는지, 분노가 있는지, 어리석음이 있는지, 더러움이 있는지, 닦음이 있는지, 정함이 있는지 등을 반성하게 한다. 자신이 질병을 얻게 되었을 때, 특히 Type A와 같은 성격상의 문제로 병을 얻게 된 경우 심념처의 역할이 아주 중요하다. 심념처를 통하여 자신의 행동을 변화시켜야 할 과제가 주어지게 되기 때문이다. 자신의 병이 욕심 때문이라면 욕심을 낮추어야 하고, 분노 때문이라면 분노를 통제할 수 있도록 해야 하며, 어리석음 때문이라면 어리석음을 지혜로움으로 대치해야 한다. 앞에서 본 것처럼 개인이 스트레스 상황을 만났을 때 어떤 내적 대화를 하는가에 따라 현실 경험도 바뀌므로 달마 대사가 도에 들어가는 두 가지 방법 중 행입으로 말한 사행, 보원행, 수연행, 무소구행, 칭법행을 자기 내적 대화의 내용으로 적용할 수 있다. 사행의 실천은 곧 행동의 변화를 뜻한다. 보원행은 일체 남을 원망하지 않는 것이고, 수연행은 어떤 일을 만나도 희로애락으로 동요하지 않는 것이고, 무소구행은 욕심을 내지 않는 것이고, 칭법행은 인색함이 없는 것이다. 행동 변화 없이 자기치유의 효과를 기대할 수는 없다. 의사들이 심장 질환에 취약한 Type A 행동을 Type B로 바꾸게 하는 것도 그 때문이다.

법념처

법념처는 마음의 대상이 되는 육경, 환경에 대한 알아차림이다. 인간의 행동이나 감정은 쉽게 육경과 조건화된다. 특히 환자의 경우에는 색성향미촉법이 불안이나 긴장, 분노와 쉽게 조건화되어 극도로 민감하게 된다. 법념처에서 언급하고 있는 오개 대치나 칠각지는 본래 수행을 방해하는 조건들을 대치하는 방법으로 제시되고 있는 것이지만 환자들이 경험하게 되는 환경적 조건들을 통제하는 방법으로도 더할 나위 없는 대치법들이다. 자기치유란 본래 수행을 의미한다. 특히 허망한 생각을 차단하고 자성의 지혜에 의지하게 하는 불교의 수행법은 그 전체가 자기치유의 기능을 발휘하게 된다. 본 무념치유 역시 이에 기반을 두고 있다.

육경은 마음에 의하여 즉시 변한다. 마음에 욕심이 있으면 육경도 욕심을 일으키는 선행 자극으로 변하게 되고, 마음에 미움이 있으면 육경 역시 미움을 일으키는 자극과 상황으로 모든 것이 변한다. 환자가 몸으로 느끼는 통증 역시 마음의 영향을 받지 않을 수 없다. 우리는 마음의 안경(眼鏡)을 통하여 모든 것을 지각하고 판단한다. 마음이 더럽기 때문에 모든 것이 더럽고, 마음이 깨끗하기 때문에 모든 것이 깨끗하다. 병이 위독할수록 마음에 욕심이 있는지, 정함이 있는지, 닦음이 있는지를 반성하며 마음을 깨끗이 함으로써 지금 앓고 있는 질병 역시 자기 수행을 위하여 어떤 의미가 있는지 발견하는 것은 곧 절망에서 희망을 찾게 되는 방법이자 용기와 힘을 얻게 되는 자기치유의 방법이다.

파블로프의 이완 심상

러시아의 생리학자로서 종소리만 듣고도 개가 침을 흘리게 하는 고전적(古典的) 조건 형성의 원리를 발견한 파블로프가 심장병으로 아주 위독할 때의 일이라고 한다. 의사는 그의 건강을 회복시킬 방법이 없다고 판단하여 그가 운명할 날이 가까이 왔다고 가족들에게 일러 주었다. 그러나 파블로프 자신은 의사들의 말에 별로 개의치 않았다. 그는 간호사에게 물통에 진흙을 조금 넣고 따뜻한 물을 부어 가져오라고 부탁하였다. 간호사가 그렇게 하자 그는 온종일 침대에 누워 한 손으로는 물통에 담긴 진흙을 만지작거리고 있었다. 그의 얼굴 표정은 꿈꾸는 듯 혹은 멀리 어떤 것을 생각하고 있는 듯 보였다고 한다. 가족들은 그의 그런 행동을 보고 곧 세상을 떠나게 될 것이라 생각하였으나 다음 날 아침, 그는 아주 기분이 좋다고 말하며 식사를 하고 낮에는 밖에서 햇볕을 쬐기도 하였다. 저녁 때 의사가 와서 그의 상태를 살피다가, 전날 보였던 심각한 증상이 사라졌다는 것을 발견하였다. 어떻게 된 일이냐고 파블로프에게 묻자, 그는 진정으로 행복했고 자유로웠던 때의 일을 다시 기억해 낸다면 그것이 병을 치유하는 데 도움이 될 것이라 생각했다고 말했다. 그는 어릴 때 매 여름마다 친구들과 함께 집 가까이 있는 강가 웅덩이에서 멱을 감으며 놀았던 기쁜 경험을 떠올리게 하는 따뜻한 진흙을 만지면서 그때를 명료하게 추억했다고 했다.

파블로프가 자기치유를 위하여 이완 심상을 이용한 것처럼 누구나 이완 심상을 개발할 수 있다. 우리들의 일상생활에 있어서도 자신이 아주 즐거웠거나 평화로웠거나 심신이 아무런 갈등 없이 조화로움을 느꼈던 때의 이전 경험을 되돌아보며 자기를 즐겁고 행복하게 할 수 있는 그런 이완 심상을 어렵지 않게 개발할 수 있다. 이완 심상의 개발이란 심상, 건강, 행복감을 연합시키는 것이다. 불쾌한 감정이나 나쁜 습관이 어떤 사물과 연합되는 것처럼 건강한 반응도 심상과 연합될 수 있다. 아름답고 평화로웠던 이전의 경험과 연관된 물건이나 그림, 향기 등을 주위에 두면 이런 것들이 이전의 기쁨을 재생시켜 준다. 그리고 흐르는 물소리, 새소리, 푸른 숲, 꽃, 산과 골짜기 등 자연은 이완과 온화한 마음을 일으키는 자극이므로 특히 긴장되거나 병이 들었을 때 그러한 것을 기억하거나 실제 듣고 보면 마음의 안정을 얻고 건강을 쉽게 회복할 수 있다.

심상은 직접적으로 자율신경계통에 속한 생리적 변화까지 일으킬 수 있다. 인간의 두뇌는 현실적 경험과 심상을 구별하지 못한다고 알려져 있다. 그래서 삿된 생각과 더불어 삿된 심상이 떠오르면 그에 따라 신체-생리적 반응도 즉시 뒤따르게 된다. 우리들이 일상적으로 사용하는 어휘 하나하나도 생리적 변화를 일으킬 만한 '구린내'로 오염 및 조건화되어 있다. 우리가 '김치'라는 말만 들어도 입에 침이 고이게 되는 현상과 같다. 조건화의 힘은 경우에 따라 아주 강하다. 마약이나 도박에 중독되었을 때가 그러한 경우다. 그러나 조건화된 행동은 계속 강화되지 않으면 점차 사라지게 되어 있다. 그렇지 않고는 개체가 새로운 환경에 적응할 수 없게 되기 때문이다. 비유하건대 인간의 자성은 본래 '물'과 같은 것이기 때문에 바람이 불면 '파도'가 되지만 바람이 자면 본래의 '물'의 모습으로 되돌아오게 되어 있다. 지관은 번뇌 망상이 일으키는 바람을 차단하고 마음의 파도를 잠재우는 역할을 하게 된다. 눈을 감고 이완 심상이 주는 안락함을 다음의 스크립트에서 경험해 보라.

당신은 춥고 어두웠던 숲 속 길을 빠져 나와 목초 밭을 걷고 있습니다. 여기저기 푸른 풀잎 사이로 분홍색, 노란색, 빨간색 그리고 보라색의 야생화들이 점점이 보입니다. 부드러운 꽃잎에 손을 대고 숨을 들여 쉬자 청신한 향기가 코에 들어옵니다. 신과 양말을 벗고 시원하고 축축하게 젖은 폭신한 풀에 발을 디딥니다. 머리 위로 따뜻한 햇빛이 어깨와 두 팔을 내려 쪼이고 시원한 한줄기 바람이 머리카락을 날리면서 앞머리를 식혀

줍니다. 조금 떨어져 있는 곳에서 때로 적막을 깨고 새 지저귀는 청명한 소리가 들려옵니다. 나비 한 마리가 꽃들과 풀 사이로 한가하게 내려앉았다가 다시 솟아오르며 날아갑니다. 풀 냄새와 옅은 소나무 향을 맡아 보십시오.

길을 걷는 동안 발바닥에 느껴지는 포근한 풀의 감촉을 즐기고 가까이 갈수록 점차 크게 들리는 개울물 소리를 듣습니다. 물이 이끼 낀 돌을 맴돌며 일으키는 소리와 물방울을 보고 들으며 햇빛이 수면을 비치는 아름다움을 보십시오. 몸을 굽혀 물에 손을 담갔을 때 손가락에 느껴지는 맑고 시원한 물의 감촉을 음미해 보십시오(Peper & Holt, 1993).

치유 심상으로서의 본래불(本來佛)

파블로프의 경우처럼 이완 심상 또는 치유 심상은 자기치유에 있어서 아주 중요한 위치를 차지한다. 사념처는—불교의 전통적 수행법이 모두 그런 것처럼—내적 통찰이고 명상적인 것이기 때문에 자연히 심신의 안정과 심상이 중심이 된다. 그리고 사념처에서 일어나는 심상 자체가 모두 탐진치를 대치하는—탐진치와 상호제지의 관계에 있는—계정혜를 위한 것이기 때문에 사념처는 있는 그대로 자기치유의 내용이 되고 또한 자기치유를 위한 심상법이 된다. 그러나 자기치유를 위한 가장 이상적인 심상은 자신이 본래 부처임을 확신하면서 자기 본래불이 자신의 내면에서 황금빛을 환하게 발하고 자기의 상처를 어루만지며 쾌유토록 하는 심상을 통해 상처가 아물며 몸과 마음이 다시 온전히 통합된 모습으로 회복되는 것을—자신이 하루 종일 무엇을 하든지—떠올리도록 하는 것이다. 자신이 본래 부처라는 믿음이 크면 클수록 자기치유력도 강력해진다. 자성으로서의 불성은 자연지, 근본지와 회통하고 있기 때문이다.

04

무념행

생각만 일으키지 않으면 자성은 본래 고요하다.

불교에서 말하는 연기와 무아관은 이론이 아니라 마치 '하늘이 움직이는 것이 아니라 땅이 움직이는 것'이라고 하는 것과 같은 객관적 사실이다. 초기 불교의 수행법들은 주로 인간의 느낌이나 생각으로는 쉽게 수용하기 어려운 연기와 무아라는 객관적 사실을 인간의 마음이 어떤 경로로 발달되는지 설명함으로써(예 : 십이연기와 오온연기) 왜곡된 인지 구조가 사물을 있는 그대로 보지 못하게 방해한다는 사실을 깨닫게 하는 교학(敎學)의 특징을 띤다. 그러나 불교가 중국에 들어와서는 그러한 교학의 단계를 벗어나 누구나 숨을 쉬어야 하고 물을 마셔야 살게 되는 것처럼 인간은 누구나 이미 연기와 무아라는 법 안에 들어와 있고 또한 그 법의 통제 하에 있다는 것을 기정의 사실로 받아들이게 되었다. 이로써 수행의 목적을 그러한 진리에 따르지 못하게 방해하는 허망한 생각 그 자체를 차단해 버리도록 하는 데 둔다. 다시 말하면 초기 불교의 수행법이 부처님이 설한 경전의 대의를 말과 생각으로 이해하고 자신의 행동이 법에 일치하도록 노력하는 데 목적을 두었다면, 선불교에서는 말과 생각 그 자체가 본래 무아로서 연기의 법칙에 따르도록 자연적으로 설계되어 있는 자성을 방해하는 요소라 보고 이를 무시하거나 제거해 버리도록 하는 데 있다.

선에서 말하는 무념이 무엇이며 깨달음이 무엇인가를 쉽게 알게 하는 것으로 혜능 선사가 육조단경에서 설한 '귀의 자성삼신불(自性三身佛)'이 있다. 자성삼신불은 첫째, 인간의 본심은 청정법신불(淸靜法身佛)로 비어 있어서 본래 고요하다는 것, 둘째, 천백억화신불(千百億化身佛)로 본심은 그렇게 청정한 것이지만 사람이 '악한 것을 생각하면 변화하여 지옥이 되고, 착한 것을 생각하면 변화하여 천당이 되고, 독과 해침은 변화하여 축생이 되는 등' 무엇을 생각하는가에 따라 그 모양이 변해도 사람들은 그것을 알지 못하고 있다는 것, 셋째, 선 지식을 만나 참 법문을 열게 되면 '한 등불이 능히 천 년의 어둠을 없애고 한 지혜가 능히 만 년의 어리석음을 없애는 것'과 같이 한 순간에 '과거를 생각하지 않고, 항상 미래를 생각하며, 항상 미래의 생각이 착한' 본래의 원만보신불(圓滿報身佛)로 들어 갈 수 있다는 것을 가르쳐 준다(그림 5).

혜능 선사는 귀의 자성삼신불에서 그의 입을 따라 "나의 색신의 청정법신불에 귀의하오며, 나의 색신의 천백억화화신불에 귀의하오며, 나의 색신의 당래원만보신불에 귀의합니다."를 세 번 반복하라고 명한다. 이러한 명령은 누구에게나 현재의 생각에 따라 본래 법신불이 화

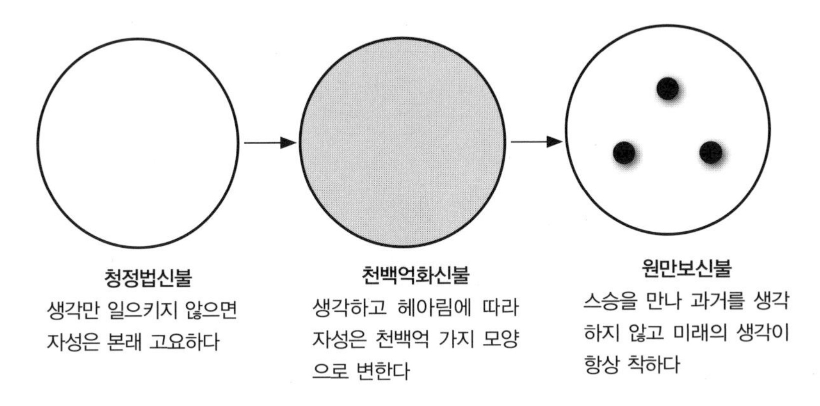

그림 5 자성의 세 가지 형태로의 변화

신불이 되기도 하며 또 화신불이 다시 보신불로 변하게 된다는 사실을 명심하라고 하는 것이다. 혜능 선사는 자성삼신불을 통해, 고행과 같은 오랜 수행을 통해서만 깨달을 수 있고 또한 부처가 될 수 있으리고 했던 믿음을 깨고 그러한 수고 없이 누구나 지금 당장의 생각 하나로 견성성불할 수 있다는 것을 깨닫게 한다. 자성삼신불은 지금 이 순간이라도 생각을 일으키지 않으면 본래 법신불에 그대로 머물러 있게 되지만 생각을 일으키는 순간 그것은 곧 화신불로 변하게 되고, 과거를 생각하지 않으며 항상 생각이 착하게 되면 보신불이 된다고 선언한다.

혜능 선사의 자성삼신불은 수행을 통해 장차 내가 부처가 될 수 있으리란 생각을 바로 이 순간이라도 생각만 일으키지 않으면 그것이 바로 청정법신불이라고 하는 관점으로 변화시킨다. 자성삼신불은 자성을 거울이나 허공에 비유하며 거울이나 허공의 본질이 공이기 때문에 그 위에 비치는 것에 따라 거울이나 허공도 즉시 변하게 된다는 것으로 자성의 가변성을 설명한다. 행동주의 심리학에서 인간의 본성을 백지에 비유하는 것도 이와 다르지 않다. 문제는 인간이 무엇을 보고 무엇을 듣든 허망한 생각을 일으키도록 조건화되어 있기 때문에 무념을 실천하기가 어렵다는 것이다.

선에서 무념을 위한 두 가지 방법을 제시한다. 달마의 벽관이나 혜능 선사가 정의하는 좌선이 그 한 가지이며, 화두를 들게 하는 간화선이 그 다음의 것이다.

벽관 · 좌선

달마 대사는 도에 들어가는 두 가지 방법으로 행입(行入)으로서의 사행과 이입(理入)으로서의 벽관을 설했다. 행입으로서의 사행은 이미 제3장에서 사념처와 연관시켜 설명한 바 있다. 이입으로서의 벽관은 다음과 같다(柳田, 1984).

> 이와 같이 마음을 안정함이란 벽관을 말한다. 객진위망이 들어가지 않는 것을 벽이라 한다. 마치 가옥 외벽이 외부의 풍진을 방지하는 것과 같이 객진위망을 근접시키지 않는 마음의 긴장, 그것이 벽관이라 종감은 말한다. 객진이란 밖에서 오는 오염이다. 위망이란 약은 체함이다. 작위다. 거꾸로 말하면 벽관이란 객진위망이 달라붙지 않는 내면적 마음의 긴장이다. 거기에는 진도 망도 범도 성도 그리고 외도 내도 탈락해 버린다. 벽관이란 그러한 마음의 통일 무잡함이다.

혜능 선사가 단경에서 설한 좌선 역시 벽관과 다르지 않다. 혜능 선사는 다음과 같이 좌와 선, 즉 좌선을 정의하고 있다.

> 밖으로 모든 경계 위에 생각이 일어나지 않는 것이 앉음(坐)이며, 안으로 본래 성품을 보아 어지럽지 않음이 선(禪)이니라.

벽관과 좌선을 합하면 면벽좌선이 된다. 달마는 벽을 보게 하고, 혜능은 성품을 보게 한다. 벽을 보게 하는 것이나 본래 고요한 성품을 보게 하는 것은 결국 안정된 마음으로 자신을 보게 하는 것이다. 안정된 마음으로 부동의 옹벽이 되어 자신을 보게 되면 무념의 심리학적 기능이 나타나게 된다. 혜능 선사는 무념이 무엇인가를 다음과 같이 설한다.

> 어떤 것을 무념이라고 하는가? 무념이란 모든 법을 보되 모든 법에 집착하지 않으며, 모든 곳에 두루하되 모든 곳에 집착하지 않고, 항상 자기의 성품을 깨끗이 하여 여섯 도적(색성향미촉법)들로 하여금 여섯 문(안이비설신의)으로 달려나가게 하나 육진 속을 떠나지 않고 물들지도 않아서 오고감에 자유로운 것이니, 이것이 곧 반야삼매이며 자재해탈로서 무념행이라고 이름하느니라.

혜능 선사의 무념은 곧 육경, 즉 색성향미촉법에 조건화된 탐진치를 소거하는 기능을 발휘한다. 소거의 결과는 자신의 주위에서 일어나는 모든 사건들을 보면서도 집착하지 않고, 모든 곳에 왕래하면서도 집착하지 않고, 탐진치로 오염된 세속을 떠나지 않으면서도 물들지 않아서 오고감에 자유롭게 되는 것이다. 이러한 무념의 소거 기능을 우리는 행동심리학자 울프(Wolpe, 1954)가 이완을 바탕으로 각종 공포증을 치료하도록 하는 체계적 탈감법에서 그 예를 찾아 볼 수 있다. 체계적 탈감법이란 이완을 유지하도록 하면서 불안이나 공포증을 일으키는 자극 또는 상황에 노출시키는 방법으로서 육경에 조건화된 부적 감정으로부터 자유롭게 하는 방법이다. 이 방법은 고른 숨을 방해하지 않고는 일어날 수 없는 모든 병을 고른 숨으로 고치게 하는 수식관과도 비교되며 사념처에서 지관(止觀)으로 육경이 일으키는 번뇌 망상을 물러나게 하는 수행법과도 비교된다. 체계적 탈감법은 불교에서 대치 또는 대법을 적용하여 모든 병을 고치게 하는 방법과 같이 상호제지의 원리를 이용한 치료법의 전형적인 예다. 체계적 탈감법은 다음과 같다.

울프의 대법을 적용한 공포증 치료

공포증이란 이전 행동 경험으로 어떤 사물이나 상황에 조건화된 부적 감정이다. 다양한 종류의 공포증이 있다. 예를 들어 개 공포증, 뱀 공포증, 고소 공포증, 소독 냄새 공포증, 피 공포증, 물 공포증, 시험 공포증, 대인 공포증 등이다. 공포증이란 곧 사물의 모양이나 색깔, 소리, 냄새, 맛, 촉감 또는 어떤 상황 등 육경이 일으키는 번뇌 망상을 뜻한다. 울프식 공포증 치료법의 원리를 알게 되면 무념이 어떻게 여섯 도적을 여섯 문으로 달려나가게 하는지 또는 어떤 상황에 처하거나 어디에 가거나 육진 속을 떠나지 않고도 물들지 않게 되는지에 관하여서도 알게 된다.

울프의 체계적 탈감법은 다음과 같은 세 가지 위계적 단계로 진행된다.

단계 1. 이완 훈련

치료자는 보통 제이콥슨(Jacobson, 1938)식 근육 이완법을 적용하여 내담자가 깊이 이완하도록 훈련시킨다. 근육 이완법은 몸의 근육군을 돌아가면서 긴장시켰다가 다시 이완시키게 하는 반복적 방법으로 되어 있다.

단계 2. 공포 사다리 만들기

공포 자극 위계를 수립한다. 사다리에 올라가는 경우 한 계단씩 올라갈수록 불안의 강도가 더 높아지는 것을 연상해 볼 수 있다. 아래는 덜 무서운 상황이고 제일 위는 가장 무서운 상황이다. 이렇게 공포 상황을 사다리로 만드는 이유는 공포의 강도가 낮은 상황에서 점차 높은 상황으로 노출시키면 쉽게 인내할 수 있는 힘이 생기게 되기 때문이다. 공포 사다리는 보통 12단계를 만든다. 공포 사다리를 만들 때 가장 낮은 수준의 두려움을 일으키는 상황을 1로 표시하고, 가장 높은 강도의 두려움을 일으키는 상황을 100으로 표시할 수 있도록 하며, 1~100 스케일을 적용할 수 있다. 심리학에서는 이러한 방법을 고통의 주관적 단위(Subjective Unit of Discomfort, SUD)라 부른다.

공포 사다리의 예 : 비행 공포증과 연설 공포증

	비행 공포증	연설 공포증
공포감 높음	1. 고공 비행 중	1. 가장 어려운 연설
	2. 이륙	2. 즉석 대중 연설
	3. 활주로 주행	3. 즉석 연설
	4. 엔진 시동	4. 대중 연설
	5. 탑승	5. 5~6명의 낯선 사람들 앞에서 연설
	6. 탑승 대기	6. 2~3명의 낯선 사람들 앞에서 연설
	7. 안전 체크	7. 가족들 앞에서 연설
	8. 짐 체크	8. 연설 준비
	9. 공항으로 출발	9. 연설에 대한 생각
	10. 여행 준비	10. 연설 청탁 받음
공포감 낮음	11. 여행 계획	

단계 3. 단계 1과 2의 결합

내담자가 깊이 이완하게 한 후에 강도가 가장 낮은 장면부터 심상으로 떠올리게 한다. 내담자가 불안감으로 긴장감을 느끼면 즉시 심상을 그만두게 하고 이완 상태로 되돌아가게 한다. 이완을 유지할 수 있는 한도 내에서 점차 강도를 높여 마침내 강도가 가장 높은 장면까지도 긴장하지 않고 견디어 낼 수 있게 되면 치료가 완료된다.

앞에서 본 것과 같이 무념은 곧 안정되고 고요한 마음을 뜻하는 것이다. 무념을 유지하고 있을 동안에는 무념을 방해하지 않고는 일어날 수 없는, 즉 심신을 어지럽게 하는 불안감, 두려움, 걱정 근심, 긴장감, 증오감, 어리석은 생각, 스트레스가 통제되고 그 결과는 육경에 조건화되어 있는 부적 감정 등이 소거됨으로써 어디를 가나 어디에 있으나 마음이 자유로워진다는 사실을 알게 된다. 또한 이러한 무념이 마음을 안정시키고 온갖 스트레스나 불안, 긴장감에서 오는 신체적 질병까지 치유할 수 있는 기능을 가지고 있다는 것도 알게 된다.

간화선, 분별심의 무시와 처벌

벽관이나 좌선은 자력(自力)에 의한 것이다. 공포증을 치료하는 울프의 체계적 탈감법도 내담자 자신이 이완을 유지하며 심상을 통해서 또는 실제 상황을 통해서 자신을 불안 상황에 노출시키는 방법이며 주로 자력에 의존하게 한다. 그러나 스승이 제자들의 근기, 개인적 능력과 경험에 알맞은 화두를 선택하여 주고 참구하게 하는 간화선에 있어서는 사정이 조금 다르다. 즉, 간화선은 스승이 직접 제자들의 수행에 개입하는 타력(他力)의 형태를 띤다.

'생각만 일으키지 않으면 자성은 그대로 고요하다'는 것을 알면서도 "부처가 무엇이며, 달마가 온 연유는 무엇인가?"를 묻거나 또는 "개에게도 불성이 있는가?"를 묻고 있는 제자들의 타성에 젖은 행동을 없애게 하는 방법으로 스승이 선택한 것이 간화선이다. 간화선의 특징은 제자들의 분별심에 대한 스승의 무시와 처벌이다. 화두로 선택된 옛 조사들의 언행에는 제자들의 분별심, 말과 생각을 직접적으로 차단하고 벌하는 할(고함)이나 방(몽둥이로 때림)이 포함되기도 한다. 그렇지 않은 경우라 할지라도 화두는 제자들의 기대와 어긋나는 조사들의 언행으로 특징을 이루고 있다. 다시 말하면 화두를 참구한다는 것은 곧 제자들에게 내면적인 고통을 수반하게 하는 것으로서 결국은 화두까지도 포기하고 벽관이나 좌선에서와 같은 무념에 들어가게 한다. 불교의 가르침 전체가 그런 것이지만 참선의 공통 목적은 인간이 가진 마음의 본질은 연기하는 다른 모든 무정물이나 유정물에 있어서와 마찬가지로 본래 비어 있는 것이라는 것과, 마음이 본래 비어있는 것이므로 그 안에 개인의 이전 행동 경험들이 엉기고 쌓여 또는 연기하여 분별 망상이 되는 것이므로 마치 해를 가리고 있는 구름과 같은 분별심이 작용하지 않는 순간에는 본래의 빈 마음이 그대로 나타나 초심(初心)으로 사물을 있는 그대로 볼 수 있게 된다는 사실을 실제로 체험하도록 하는 데 있다. 즉 화두를 통한 깨달음이란 곧 자신의 이전 경험에 의하여 조건화되고 학습된 마음으로서가 아닌, 빈 마음, 즉 본심으로 '산은 산, 물은 물'로 볼 수 있다는 사실의 체험이다. 참선의 목적이 마음의 본질로서의 공과, 마음이 본래 공이기 때문에 인연에 따라 허망한 생각도 일어날 수 있다는 체와(體)와 용(用)으로서의 본심과 망심의 인과 관계를 깨닫게 됨에 있음을 다음과 같은 사례에서 볼 수 있다.

몽산 스님은 그날도 "개에게도 불성이 있습니까?"라는 제자의 질문에 "없다(無)!"라고 응답한 조주 선사의 무(無)자 화두를 들고 있는 중이었다. 어떤 수좌가 그가 앉아 있는 선방에 들어와 향을 사르다가 향뚜껑을 잘못 건드려 소리가 났다. 이 소리를 듣고 그는 "왁!"하는 외마디 소리를 지름과 함께 깨달음을 얻어 다음과 같은 게송을 지었다고 한다.

어느덧 갈 길 다 하였네
밟아 뒤집으니 파도가 곧 물이로다
천하를 뛰어 넘는 늙은 조주여
그대 면목 다만 이것 뿐인가

소동파는 오늘도 산천초목이 설법을 한다는 스승의 말이 무엇을 뜻하는지 의심하고 의심하면서 말을 타고 산길을 가고 있었다. 그가 타고 가던 말은 어느덧 깊은 계곡의 폭포수를 옆에 낀 좁은 사잇길을 가고 있었다. 그는 우람한 소리를 내며 떨어지는 폭포수를 무심히 귀로 듣고 눈으로 보는 순간 "앗!"하며 깨달음을 얻었고, 눈물을 흘리며 스승이 계시는 곳을 향해 절을 하면서 다음과 같은 게송을 지었다고 한다.

골짜기의 소리가 모두 부처님의 장광설(長廣舌)인데
산의 빛깔은 어찌 청정한 몸이 아니겠는가?
여래의 팔만사천 가지 이 소리를
다른 날 어떻게 사람들에게 보일고

소동파는 그 후 다시 다음과 같은 게송을 지었다고 한다.

여산의 비와 안개 절강의 조수
가보지 않았을 땐 한(恨)도 많더니
가보고 돌아오니 별 것 아닐세
여산은 비와 안개 절강의 조수

몽산 스님의 게송이나 소동파가 남긴 게송에서 발견되는 공통점은 모두 오온연기의 결과인 생각이 끊어진 순간에 체험하게 되는 본심이다. 몽산 스님은 그릇 깨어지는 소리에 화두까지 놓아버리게 된 순간 '파도가 곧 물'인 것과 같이 체와 용, 본심과 망심의 인과 관계를 알아차리게 된 것이고, 소동파는 갑작스런 폭포 소리에 정신을 잃는 순간 이전 행동 경험의 결과인 '기대(期待)'라는 것이 사라진 본심으로서의 무념이 무엇인가를 체험하게 된 것이다. 이 두 사람들은 도(道)라든가 깨달음이라는 것이 마치 손바닥을 뒤집는 것과 같이 '별것' 아님을 알아차린 것이다. 그들 역시 그것을 깨닫기 전까지는 학습된 분별심으로 도(道)를 '거룩한' 그 무엇으로 기대하여 깨닫지 못한 것이 한이 되고 있었다. 깨닫고 나니 그것은 깨닫기 전에도 다반사로 경험하고 있었던 것이었음을 알게 된 것이다. 소동파는 폭포 소리에 생각이 끊어지는 순간 산천초목이 자신의 빈 마음에 그대로 들어와 가득 채움으로써 자타나 내외라는 분별이 있었을 때 자신을 괴롭혔던 팔만사천 가지 번뇌가 끊어짐을 체득한 것이다. 몽산 스님이나 소동파는 그간 자신들이 조건화된 분별심을 주인으로 섬기고 있었을 때 잃어버렸던 본심, 자성을 되찾게 된 것이다. 그 결과는 마치 지하철 사고에서 생존한 사람들이 극심한 외상적 스트레스의 후유증으로 일상생활에 어려움을 당하고 있던 악몽에서 벗어나 일상을 즐길 수 있게 된 것과 같은 것이다. 우리는 모두 탐진치라는 세 가지 독소에 의하여 생각이 엉기고 집착된 사람과 다름없다. 우리는 심우도에서 잃어 버렸던 소를 되찾아 소의 등에 올라타고 피리를 불며 집으로 돌아가는 사람의 모습에서 이러한 깨달음으로 얻게 되는 안심과 자유로움을 보게 된다.

'파도가 곧 물'인 것과 마찬가지로 망심과 본심의 관계가 체와 용의 관계임을 발견하게 된다는 것은 곧 누구나 쉽게 망심을 차단함으로써 그 자리에 본심이 그대로 드러나게 할 수 있는 능력을 얻게 된다는 것을 의미한다. 공의 본심으로 모든 것을 있는 그대로 볼 수 있다는 것은 주어진 환경에 정확하게 적응할 수 있다는 것을 의미하며 모든 것을 알게 하는 일체지지를 얻게 된다는 것을 뜻한다. 그것은 그간 탐진치에 의하여 가려져 있었던 본심으로서의 계정혜가 드러남으로써 이웃과 자비심으로 하나가 되며 마음에 평화를 얻고 또한 자신이 어떤 일을 하든지 그 일을 수월하게 할 수 있는 지혜를 얻게 됨 역시 뜻한다. 선에는 평상심이 곧 도라고 하는 것 이외에 어떤 숨김도 없다.

스승인 자신이 도에 관하여 분명하게 설명해 주지 않고 무엇인가 감추고 있으리라고 제자가 의심하고 있다는 사실을 알아차린 황룡 선사가 아무것도 감추고 있지 않다는 것을 제자에게 알게 한 것으로 다음과 같은 이야기가 있다.

> 어느 날 황룡 선사가 제자인 황산곡과 함께 산길을 산책하게 되었다. 때마침 계피꽃이 만발하게 피어 있었다. 선사가 물었다.
>
> "자네도 계피꽃 향기를 맡고 있겠지?"
>
> "그렇습니다."
>
> "이제 내가 그대에게 아무것도 감춘 것이 없다는 것을 알겠는가?"
>
> 이 말에 황산곡은 문득 깨달았다고 한다.

이런 대화도 있다(吳經熊, 1978).

용담은 스승에게 말했다.

"제가 들어온 이래 스님으로부터 마음에 대하여 전혀 근본의 가르침을 받지 못하였습니다."

"자네가 들어온 이래 나는 자네에게 마음에 관한 가르침을 이제까지 잠시도 그쳐 본 적이 없는데."

스승이 이와 같이 대답하자 제자는 다시 다음과 같이 물었다.

"스님께서는 어떤 점에서 저에게 가르침을 주셨다고 하십니까?"

"자네가 내게 차(茶)를 가져오면 마셨고, 밥을 차려오면 먹었고, 예를 표하면 답례로 머리를 숙였네. 어떤 점에 있어서 내가 자네에게 마음의 본질을 보이기를 소홀히 하였나?"

용담은 고개를 숙이고 한참 동안 잠잠하였다. 이에 스승은 다음과 같이 말하였다.

"진정한 견성(見性)이란 그 당장에 깨닫는 것이다. 사유하고 반성하기 시작하면 놓쳐버리고 마는 것이지."

이 말을 듣자 용담은 마음의 문이 열려 깨닫게 되었다. 그리고 나서 그는 어떻게 하면 깨달음을 보존할 수 있을까 물었다. 이에 도오(道悟)가 대답하였다.

"자네의 자성이 유유자적(悠悠自適)토록 하라. 완전히 자유롭게 어떤 집착도 가지지 말며 환경의 요구에 따라 행동하라. 평상심에 따르기만 한다면 그것 이외 달리 거룩한 깨달음이란 없느니라."

기대란 이전 경험으로 학습된 것이다. 기대란 우리가 '김치'라는 말만 들어도 입에 침이 고이게 되는 것과 같다. 우리는 육경, 즉 색성향미촉법에 모두 침을 흘리고 있다. 기대는 곧 갈애(渴愛)이다. 인간이 가진 기대는 대부분이 미신적인 것이며 망상적인 것이다. 우리는 망부석(望夫石)처럼 성취할 수 없는 것을 애타게 기대하고 있다. 그것이 우리를 병들어 죽게 한다. '시장하면 먹고, 피곤하면 잔다'는 평상심에서는 비만도 없고 거식증과 같은 식사 장애도 일어날 수 없다. 이 모든 문제는 조건화된 마음, 즉 기대와 갈애에서 온다. '시장하다'는 내적 · 자연적 자극에 '먹는다'는 자연적 반응이 일어나고, '피곤하다'는 내적 · 자연적 자극에 '잔다'는 자연적 반응이 일어난다. 먹고 자는 사람에게는 비만이 생길 수 없고 불면증이 생길 수도 없다. 그렇게 조건화된 기대가 없으면 마음은 항상 평안하다. 사람의 성격이란 사람마다 다른 사물 · 사건에 대한 '일반화된' 기대를 말한다. 우리는 옷에 대한 기대, 용모에 대한 기대, 명예에 대한 기대, 성공에 대한 기대, 젊음에 대한 기대, 죽지 않고 영원히 살려고 하는 기대 등으로 시장해도 먹지 못하며, 피곤해도 자지 못하고 있다.

율사라는 사람이 찾아와서 선사에게 물었다.

"화상께서도 도를 닦으실 때 공력을 들이십니까?"

"공력을 들인다."

"어떻게 공력을 들이십니까?"

"시장하면 밥을 먹고 피곤하면 잠을 잔다."

"다른 사람들도 모두 그러하니 그들도 스님과 같이 공력을 들인다고 말할 수 있겠습니다."

"서로 다르다."

"어째서 다릅니까?"

"그들은 밥을 먹을 때 먹지 않고 백천 가지 분별을 따지며, 잠을 잘 때엔 온전히 자지 않고 꿈속에까지 백천 가지 계교를 일으킨다. 그것이 다른 까닭이다."

마음이란 이전 경험으로 형성된 것에 불과하며 또한 그러한 마음으로 보는 세상은 정지된 것이고 죽은 것이다. 이는 우리가 음(陰)과 양(陽)을 정지된 것으로 보는 것과 같다. 그러나 음양은 돌면서 하나가 되어 음이나 양이라는 양변(兩邊)을 없앤다. 우리가 지금 자신이나 사물을 지각하고 판단하는 견문각지는 그 진실한 모습을 바로 보지 못하도록 방해한다. 황벽 선사는 무심이면 본체가 그대로 나타난다고 다음과 같이 설하고 있다.

> 본원청정심은 중생도 불도 천지산천도 유상(有相)도 무상(無相)도 시방세계에 확대되어 있어 모두가 평등하고 차별이 없다. 이 본원청정심은 항상 그 자체가 완전하고 분명해서 널리 비추고 있다. 범부는 그것을 알아차리지 못하고 견문각지(見聞覺知)가 본심(本心)이라고 생각하여 견문각지에 가려짐으로써 정명(精明)의 본체가 보이지 않는 것이다. 그저 무심하면 본체는 확실히 모습을 나타낸다. 예컨대 대일륜(大日輪)이 대공에 떠오르면 시방세계의 구석구석까지 비추어 전연 장애가 없는 것과 같다. 그러니까 제군들은 견문각지에 마음이 팔려 시위동작(施爲動作)하면 마음의 순서가 도중에서 끊어져 생각할 도리가 없다. 그러므로 견문각지가 있는 곳에 본심이 있다고 생각하면 좋다. 그러나 본심은 견문각지에 지배되는 일도 없고, 또 견문각지가 따로 있는 것도 아니다. 어디까지나 견문각지에 분별을 일으키거나, 견문각지에 념(念)을 움직이지 않고 별도로 본심을 찾거나, 견문각지를 끊어버리고 진리를 추정하거나 해서는 안 된다. 불즉불이(不卽不離)로 태도를 바꾸지 않고 그대로 집착하지 않는 것이다. 마음껏 자유롭고, 어디든지 도량(道場) 아님이 아니다.

견문각지는 이전 경험으로 조건화되고 학습된 것이다. 또한 견문각지란 생각을 일으킨 것이다. 이미 오염된 마음으로 보는 것이기 때문에 아무것도 있는 그대로 보지 못하게 되며 심리학자들이 우리는 학습에 의하여 어떤 새로운 것도 새로운 것으로 경험할 수 없다고 하는 것과 같다. 인지치료자들도 인간의 고통이 견문각지의 문제에 있음을 주시한다. 이것은 황벽 선사가 "범부는 견문각지가 본심이라고 생각하여 견문각지에 가려짐으로써 정명(精明)의 본체가 보이지 않게 된다."고 지적하는 것이나 "그저 무심하면 본체는 확실히 모습을 나타낸다."고 설하는 것과 다르지 않다. 그리고 황벽 선사 역시 '파도가 곧 물'이라고 하는 것처럼 '견문각지가 있는 곳에 본심이 있다'는 것을 잊지 않도록 하고 있다. 생각만 일으키지 않으면 자성은 그대로 고요하다는 사실을 다시 한번 깨닫게 하는 것이다.

조사들의 고함이나 몽둥이 그리고 생각하고 생각해도 풀 수 없는 수많은 화두는 모두 '생각만 일으키지 않으면 자성은 그대로 고요하다'는 사실의 깨달음으로 향해 있다. 그것이 자신의 본래 면목을 찾는 것이며 갈애라는 허망한 기대로는 성취할 수 없는 지혜다.

청정법신불은 생각을 일으키지 않을 때의 나의 몸이다. 천백억화신불은 허망한 생각을 일으키고 있을 때의 나의 몸이다. 원만보신불은 -생각만 일으키지 않으면 자성은 본래 고요하다는 것을 깨닫고 마음이 법에 일치하게 됨에 따라-과거를 생각하지 않고 장래의 행동이 항상 착하게 된 몸을 말한다. 그것이 깨닫기 전과 깨달은 후에 나타나게 되는 행동의 변화이다. 과거를 생각하지 않는다는 것은 이전 행동 경험으로 학습된 마음이 소거되었음을 뜻한다. 그것은 이제 육경을 육경 그대로 볼 수 있게 됨을 뜻하기도 한다. 오염되었던 육근과 육경이 모두 본래면목으로 회복된 것이다. 이제 '산은 더 푸르고, 물은 더 맑게' 보게 된 것이다.

참선이란 몽산 스님이 깨달은 바와 같이 '파도가 곧 물'임을 깨닫도록 하는 것이다. 분별 망상을 일으키고 있는 동안에는 본심이 감추어져 버리고, 고요하고 지혜로운 본심이 작용하고 있을 동안에는 분별 망상이 발을 붙일 수 없게 되는 것이다. 선들이 고함이나 몽둥이 그리고 화두를 의심하고 있을 때의 기연 등은 모두 순간적으로 생각을 끊어 버리게 하는 작용을 한다. 인간은 누구나 본래 부처다. 불교는 본래 부처인 인간이 어떻게 어리석은 중생이 되는가 하는 것을 인간이 본래 두 가지 마음을 가지고 있어서도 아니며, 악마에 의한 것도 아니며, 단지 훈습이나 업장에 의한 오염의 결과라고 본다. 불성(佛性)에 다름이 없는 본심이 환경이라는 인연을 만나 생각이 어딘가에 엉기거나 집착된 것이 망심이며 지금의 우리 마음이라고 불교는 지적한다. 선사들의 게송은 모두 분별 망상이 끊어진 순간 자타나 내외라는 경계도 없어진 한없이 고요하고 어떤 걸림도 없는 자유로운 마음을 나타내고 있다. 그것이 치유와 일체지의 핵심이다.

사고중지법

할이나 방으로 제자들의 말의 길, 생각의 길을 끊어 버리게 하는 조사들의 방법에 비교될 만한 행동치료법으로 사고중지법(思考中止法)이 있다(Wolpe, 1958). 이 방법은 자신을 괴롭히는 강박 관념과 같은 망상적 사고가 일어나 괴로움을 경험하는 내담자를 위한 것으로 내담자가 자신을 괴롭히는 생각에 몰두하도록 한 후 조금 지나면 치료자가 "그만!"이라고 크게 소리친다(이때 말 대신 책상을 '꽝!' 치는 것과 같은 굉음을 사용할 수도 있다). 이러한 과정이 몇 번 반복되고 그러한 방법이 자신에게 도움이 된다는 확신을 얻게 되면 그 후에는 내담자 스스로 그러한 방법을 적용할 수 있도록 훈련시킨다. 사고중지법은 자신을 괴롭히는 망상이나 강박 관념, 무모한 의심이나 공포증 등 부적응 감정, 생각, 행동을 통제하는 방법으로도 적용할 수 있다. 사고중지법은 다음과 같은 네 가지 단계로 진행된다.

1. 치료자는 내담자로 하여금 문제되는 생각을 외적으로 말하도록 하다가 이를 차단시킨다.
2. 치료자는 내담자로 하여금 그러한 생각을 내면적으로 떠올리게 하다가 차단시킨다.
3. 내담자 스스로 그런 생각을 떠올리게 하다가 직접 소리내어 차단하게 한다.
4. 내담자 스스로 그런 생각을 떠올리다가 자신의 내적 언어로 차단시키도록 한다.

벽관이나 좌선 또는 간화선으로 체험하게 되는 무념은 무념으로 남아 있는 것이 아니다. 연기에 직접 개입함으로써 마치 거울에 이전 경험의 흔적이 남지 않듯 본심이 망심으로 고착되지 않게 하는 중성제(中性劑) 역할을 하게 된다. 물론 불교 수행을 통해 얻게 되는 무념은 행동치료에서 스트레스나 불안감, 공포증을 치료하는 방법으로 적용되는 근육 이완과는 비교할 수 없는—불법의 대의를 안다는—철학적 의식이 그 속에 포함되어 있어서 그 폭이나 깊이가 크게 다를 수 있다. 그 결과로 무념은 개인의 일상적 삶의 스타일로써 모든 것을 진실한 모습 그대로 볼 수 있게 하는 지혜가 되어 계정혜를 본심으로 실천할 수 있게 할 것이다. 그러나 이완으로 공포증을 치료하는 방법이나 선에서 무념으로 자신이나 사물의 본래 면목을 찾게 하는 방법은 모두 인과의 법칙에 의존한다는 것과 일상생활을 위한 것이란 점에서 일치한다. 임제 선사는 선의 목적이 다른 곳에 있지 않고 일상적 삶을 위한 것에 있음을 다음과 같이 직설적으로 표현한다.

> 도의 수행자여! 불법(佛法)은 인위적인 노력을 인정하지 아니하오. 다만 평상시의 일을 잠자코 할 뿐. 옷을 입고, 밥을 먹고, 똥 누고, 오줌 누며, 피곤하면 잠자는 데에 불도가 있는 것이오. 어리석은 자들은 내 말에 웃을 것이나 오직 지혜로운 사람만이 내 말의 참뜻을 알 것이오.

무념이면 지금 여기에서의 삶 이외에는 어떤 것도 있을 수 없다. 선은 우리가 안다는 것 또는 선과 악을 분별한다는 것 이면의 허구성을 파괴한다. 선에서는 "부처를 만나면 부처를 죽이고, 조사를 만나면 조사를 죽여라."라고 한다. 부처와 부처 아님을 분별하고, 조사와 조사 아님을 분별할 줄 안다는 그 마음이 본래 낙원인 세상을 지옥으로 만들고 있다는 사실을 깨닫게 하는 것이다.

무념 스크립트

선이란 어지러운 마음을 다스리기 위한 것이다. 욕심과 분노, 어리석은 생각이 없어지면 마음은 어지럽지 않게 된다. 어지러운 마음이란 탐진치로 조건화된 마음이다. 견물생심이라고 하는 것과 같이 육경, 즉 색성향미촉법이 모두 탐진치로 조건화되어 우리가 보고, 듣고, 냄새 맡고, 맛보고, 느끼고, 경험하게 되는 모든 것이 욕심과 분노 그리고 어리석은 마음을 일어나게 한다. 이래서는 어떤 것도 있는 그대로, 즉 진실한 모습 그대로 보고 경험하지 못하게 된다. 무념은 육경에 조건화된 탐진치를 소거시키는 작용으로 우리가 어리석은 마음으로 방해하지 않고 모든 것을 바로 보게 함으로써 지혜를 얻게 하는 유일한 방법이다. 무념은 우리가 이전 행동 경험으로 망심을 가지게 되기 이전의 본심을 의미하기도 하며, 무상한 환경에 어떤 걸림도 없이 적응해 갈 수 있는 능력을 말하기도 한다. 인간에게는 자연적 정화기능이 있어서 상황이 바뀌면 이전 경험으로 조건화되고 학습된 행동이 스스로 소거되어 새로운 상황을 새로운 상황으로 경험하고 적응해 갈 수 있도록 되어 있다. 그러나 때로는 어떤 환경 경험이 너무나 강력하여 생각이 거기에 엉기고 집착되어 자연적 적응력을 상실하게 된다. 심리학에서는 이를 정신병이라 부르기도 하고 비정상적 성격이라 부르기도 한다. 자연 상태에서는 인과의 법칙이 정확하고 일관성이 유지되기 때문에 인과 관계가 불규칙적일 때 일어나게 되는 스트레스나 신경증처럼 마음이 어지러운 현상이 일어나지 않게 된다. 그러나 인간 사회에서는 그러한 자연의 인과 법칙이 인간의 교활한 꾀나 계교에 의하여 흐트러지고 장애를 받게 되기 때문에 부적응 행동이 일어나지 않을 수 없다. 인간의 육체는 아직 석기 시대의 환경에 적응할 수 있을 만큼만 진화한 데 비하여 인간의 과학 문명이 너무나 앞질러 그만큼 몸을 움직이지 않고도 먹고 마실 수 있게 됨에 따라 비만과 당뇨병 등 온갖 육체적 · 정신적 질병을 앓게 되었다고 과학자들이 말하는 것도 이와 다르지 않다. 선에서 '평상심이 곧 도'라고 하는 것도 인간과 자연 간의 균형을 지적하는 것이다. 무념으로 연기의 법칙에 따르도록 하는 것은 곧 인간으로 하여금 가장 정확하게 무상한 환경에 적응하게 하는 방법이며 또한 모든 고통으로부터 떠나게 하는 방법이자 가장 건강하고 슬기롭게 사는 방법이 된다. 우리는 이러한 공의 지혜를 뱃사공에게서도 배울 수 있고, 스케이트를 타는 사람에게서도 배울 수 있고, 옷감을 짜는 사람으로부터도 배울 수 있고, 연을 날리는 아이들로부터도 배울 수 있다. 의사도 수술을 할 때는 무아가 되고, 등산가도 암벽을 탈 때는 무아가 된다. 무아가 되지 않는 한 누구도 자기가 하는 일에 달인이 될 수 없다.

선은 본래 공인 자성을 방해하는 '억지로 애씀'이나 '인위적 노력'을 배제하는 방법이다. 그러므로 선은 건강을 방해하는 '억지로 애씀'이나 평화롭고 조화로운 인간 관계를 해치게 되는 '억지로 애씀' 또는 자신이 하는 일에 달인이 되지 못하게 방해하는 '억지로 애씀' 등 연기의 이법에 일치되지 않는 '억지로 애씀' 및 '인위적 노력'을 뒤로 하고 안심하고 활기차게 살 수 있는 기술이 된다. 자성에 귀의한다는 것은 곧 그러한 자연지와 근본지를 얻게 한다는 뜻이다.

우리는 무념으로 육경을 오염시켜 육경을 여실히 보지 못하게 방해하는 마음, 즉 망심을 소거시키는 방법을－벽관을 통해 소멸하게 하는－다음과 같은 스크립트로 배운다.

앞에서 배운 수식관으로 고른 숨을 쉬게 하며 모든 것은 연기와 무아로 통합되어 있다는 사실을 다시 한번 상기하십시오. 그리고 눈을 감아 깊은 이완 속에서 자신의 '내적 마음을 긴장'시켜 어떤 오염된 생각이나 계교도 달라붙을 수 없는 부동의 옹벽이 되게 하십시오. 그리고 이 마음의 옹벽이 영화관에 설치되어 있는 흰 스크린처럼 그 위에 어떤 영상(映像)이 비칠지라도 그 자체는 아무런 영향도 받지 않는 자기 본래의 성품이라고 생각해 보십시오. 스크린은 무조건적 수용과 무판단적 수용을 의미하며 자기의 빈 자성을 대표합니다. 이러한 옹벽과 같은 자기 마음의 스크린 위에 한 편의 드라마와 같이 자기가 지금까지 세상을 살아오면서 겪은 슬픔, 기쁨, 열정, 배신, 미움, 분노, 싸움, 갈등, 두려움, 의심, 욕망, 좌절, 이별, 절망, 무력감, 후회, 죄악감, 외로움, 질병 그리고 죽음에 대한 공포감 등을 피하거나 동요하지 않고 투사해 보십시오. 그리고 자기의 마음속 스크린에 어떤 장면이 투사될 때 마음이 동요되거나 생각이 그 장면에 엉기어 앞으로 나아가지 못하게 되면, 당신의 내적 마음에 긴장이 풀려 스크린의 역할을 하지 못하고 있다는 것을 깨닫고 다시 마음을 긴장시켜 어떤 장면에도 마음이 걸리지 않도록 하십시오. 본심이란 생각이 전신으로 펴져 나가는 자유로운 마음이고, 망심은 생각이 어딘가에 엉기고 집착된 마음입니다. 본심이 엉기거나 집착되면 망심이 됩니다. 당신의 마음속 스크린의 상태가 어떤지를 점검해 보십시오. 당신의 마음이 영화관의 스크린과 같이 어디를 가나 어디에 머물거나 물들지 않고 무아의 상태, 무념의 상태, 공의 상태에 머물러 과거를 생각하지 않고 미래의 생각이 항상 착하게 되면 당신은 모든 고통으로부터 해탈할 수 있게 됩니다. 이것이 안심법문입니다. 깊이 이완하도록 하십시오. 마음이란 본래 없는 것입니다. '파도가 곧 물'입니다. 파도가 잠잠해지면 물은 다시 명경지수가 되어 산과 하늘을 비추고 해와 달도 다시 그 위에 비출 수 있게 됩니다.

벽관이나 무념은 스스로 부동의 옹벽이 되어 자신을 보는 것입니다. 자성의 특징이 무념입니다. 옹벽과 같은 무념이 되어 마음에서 일어나는 번뇌망상을 보면 번뇌 망상은 자연히 소거됩니다. 무념이란 어디를 가나 어디에 거하나 물들지 않게 하는 소거와 항학습의 기능을 합니다. 이것이 공의 지혜이며 자성의 지혜입니다. 무념이나 벽관은 육경에 조건화된 두려움이나 불안, 의심, 미움, 긴장을 소거시키고 자유자재하는 기술이 됩니다. 무념의 심리학적 기능을 행동치료에서 만병통치약으로 적용하는 이완과 그와 동시에 일어날 수 없는 불안감, 공포증을 이완으로 대치하는 울프(Wolpe)식의 공포증 치료법을 비교해 보십시오. 선은 안심법문입니다. 선은 '억지로 애씀'이나 '인위적 노력'으로는 오히려 망치고 모든 과제를 안심으로 해결할 방법과 기술을 제공한다는 사실을 잊지 마십시오. 다음과 같은 게송으로 무념을 느끼면서 준비가 되었을 때 눈을 뜨십시오.

대 그림자 뜰을 빗질하고 있다
먼지 하나 일지 않는다
달빛이 물밑을 뚫고 있다
수면에 흔적 하나 남지 않는다

05

마무리 : 수식관과 사념처 그리고 무념행의 통합

총체성의 회복

"학교 종이 땡땡땡, 어서 모이자. 선생님이 우리를 기다리신다."라는 가사의 동요 이상으로 연기의 이법 또는 학습의 원리를 잘 설명해 주는 노래도 없을 것이다. '땡땡땡' 치는 학교 종은 '모이자'는 행동을 일으키는 선행 조건으로 작용하며 종소리에 따른 신속한 '모임'으로 선생님의 칭찬을 받게 될 것이다. 우리의 행동은 이렇게 선행 조건, 종소리(A)에 따른 행동, 모임(B)이 일어난 행동의 결과, 칭찬(C)에 따라 강화되어 이후 유사한 환경에서 그러한 행동이 다시 일어날 확률을 높이게 된다. 우리는 경험을 통하여 사물 · 사건에 이러한 기대를 형성하게 되고 이렇게 모인 기대는 개인의 성격이나 인격이라 부르게 된다. 불교에서 인간의 마음이 어떤 경로를 통하여 형성되는지 설명하는 십이연기나 오온연기는 모두 이러한 학습의 원리를 따라 육경이 어떻게 번뇌망상을 일으키는 자극 및 상황으로 조건화되는가를 설명해 준다. 학교 종이 우리의 내적 기대를 일으키고, 심상을 일으키고, 감정을 일으키고, 행동을 일으키는 것과 같이 색성향미촉법은 개인의 이전 경험에 따라 각각 어떤 기대와 갈애를 일으킨다. 인간의 팔고(八苦)가 모두 그렇게 '학습된' 기대의 결과다.

불교의 모든 수행법은 '학습된' 기대 또는 갈애를 어떻게 소거할 수 있는가에 초점을 맞추고 있다. 수식관은 고른 숨을 방해하지 않고는 일어날 수 없는 갈애를 고른 숨으로 대치하는 방법이며, 사념처는 육경에 조건화된 갈애가 자신의 몸, 감정, 마음에서 각각 어떻게 작용하는가를 관찰하고 알아차림으로써 통제하는 방법이다. 무념행은 벽관에 있어서와 같이 '내적 마음을 긴장'시키거나 선에서와 같이 '본래 빈 자성을 보아 어지럽지 않게 하여 어떤 갈애도 일어나지 않도록 차단'하는 방법이다. 간화선 역시 예외가 아니다. 화두 자체가 분별심이라고 하는 기대를 차단하는 것이다. 기대하거나 바라는 것이 없으면 마음은 항상 평안하다.

기대가 세분되고 증가될수록 욕심과 분노 그리고 어리석은 행동이 증가된다. 예를 들어 우리가 TV를 통해 접하게 되는 모든 광고들은 육경과 육근에 대한 새로운 기대와 갈애를 만들어 낸다. 현대인은 이렇게 통제하기 어려운 기대로 끝없는 탐욕을 일으키며, 기대가 만족되지 않을 때 분노하고 증오하며 어리석은 행동을 하게 된다. 기대와 갈애를 증가시키는 것은 기업이나 사회만이 아니다. 학교나 가정도 마찬가지이다. 그 결과로 우리는 적은 것을 가지고도 행복할 수 있음에도 많은 것을 가지고도 지옥과 같은 삶을 살게 된다.

선에서는 평상심이 곧 도라고 한다. 평상심이란 바라는 것이 없어서

'시장하면 먹고, 피곤하면 잔다'는 자유로운 생활이다. 불교는 자타나 내외, 성범이나 미추, 귀천을 분별함으로써 항상 무엇인가를 바라고 기대하면서도 결코 만족할 수 없는 현대인들에게 그들이 해결해야 할 핵심 과제가 무엇이며 그 방법은 무엇인가를 명료하게 설명해 준다.

불교의 가르침은 어렵지 않다. 불교가 어려운 것은 우리의 마음이 이미 어떤 것도 바로 보고, 듣고, 생각하고, 판단하지 못하도록 왜곡되고 조건화되어 있기 때문이다. 우리는 산을 보면서도 산으로 보지 못하고, 물을 보면서도 물로 느끼지 못한다. 밥을 먹으면서도 그렇고 잠을 자면서도 그렇다. 이 모든 현상이 학습의 그림자 때문이다. 불교는 이 학습의 그림자를 지워 버리도록 하는 것이다. 선에서 인간의 자성을 거울에 비유하는 것도 그 때문이다. 거울에는 학습의 그림자가 드리우지 않는다. 그러므로 거울이 보는 모든 것은 언제나 신선하며 거기에는 어떤 비교나 분별이 없다. 우리가 아무리 애쓴다고 하여도 기왓장으로 거울을 만들 수는 없다. 기왓장이란 이미 분별심으로 두껍게 오염된 마음을 의미한다. 분별로 길들여진 마음을 그대로 가지고서는 아무리 노력한다고 할지라도 분별심이 없는 마음을 이해하거나 체험할 수 없다.

분별심은 이전 행동 경험으로 학습된 것이다. 분별심을 제거하기 위해서는 새로운 행동 경험을 통하여 새로운 학습이 일어나게 하는 수밖에 없다. 학습이란 그 학습이 어떤 것이든 '꿀 먹은 벙어리'와 같은 것이다. 누구나 체험을 통하지 않고는 다른 사람이 체험한 것을 동일하게 느끼거나 이해할 수 없다. 배가 고파 본 사람이 아니면 배고픔이 무엇인지 알 수 없는 것과 같다. 그러므로 불교의 수행법은 모두 '경험을 통한 행동의 변화'를 요구한다. 불교 수행에서 적용하는-예를 들어 욕정을 부정관으로 대치하게 하거나 생각이 일으키는 번뇌 망상을 무념으로 차단하는-방법은 모두 경험을 통한 행동 변화이다. 거기에는 인지(認知)가 포함될 필요가 없다. 우리가 불교의 수행법을 행동적 접근법으로 이해하면 어떻게 불교를 생활화하고 현대화할 수 있는지에 대한 명확한 단서를 얻을 수 있다.

이 책은 심장병 전문의나 심리학자들에 의하여 Type A 행동 소유자로 구분되는 사람들이 가진 조급함과 분노 때문에 그들이 남다른 재능과 성취 동기를 가지고 있으면서도 능력을 최대한 발휘하기 어려울 뿐만 아니라 극도의 스트레스에서 오는 문제로 관상동맥경화증 등 각종 신체적 질병까지도 쉽게 얻게 된다는 문제를 제기하면서 시작했다. 그리고 우리는 고른 숨을 쉬게 하는 수식관과 스트레스를 경험할 때 자신의 내면에서 어떤 현상이 일어나는지를 알아차리게 하는 사념처, 자신의 허망한 생각을 스스로 차단하게 하는 방법으로 탐진치에 해당되는 그들의 문제점을 해결할 수 있다는 사실을 배웠다.

사람의 말과 생각은 이분법적이다. 사랑이 있으면 미움이 있고, 선이 있으면 악이 있고, 흑이 있으면 백이 있다. 불교의 수행법은-1에서 100까지 이렇게-삿됨 대 바름, 어리석음 대 지혜, 미련함 대 슬기로움, 어지러움 대 선정, 계율 대 잘못됨, 곧음 대 굽음 등 쌍을 이루는 그 두 가지 중 한 가지로 반대쪽에 있는 생각이나 문제를 해결하게 하는 대치 · 대법을 적용함으로써 결과적으로 두 가지 관념을 모두 없앤다. 이러한 대치 · 대법은 수식관에서 고른 숨을 방해하는 모든 병을 고른 숨으로 고치게 하는 방법에서부터 사념처에 포함된 수많은 대치법과 간화선에서 제자들의 물음에 대한 스승들의 반응, 그리고 '억지로 애씀'이 없는 평상심에 이르기까지 적용된다. 이러한 대치 · 대법은 비록 둘로 분리된 것으로 보이지만 실제에 있어서는 상호 인과 관계에 있는 것임을 보여 주는 것이고, 그중 하나가 없어지면 둘 모두 없어지는 상대적 관계에 있음을 증명해 보이는 것이다. 이러한 대치 · 대법은 인간의 생각이나 마음 그리고 행동 역시 물리학이나 화학에서 작용하는 것과 동일한 법칙에 따라 움직인다는 것을 바탕으로 한다. 불교에서 외연기와 내연기를 동일시하는 이유도 거기에 있다. 불교 수행의 공통점은 모두 지관이니 정관이니 선이니 정혜이니 하는 것으로 모두 허망한 생각이 일으키는 심신의 동요와는 반대되는 것이다. 동시에 일어날 수 없는 어느 한쪽만 계속 유지하거나 강화하면 그 반대의 것은 자연히 멸하게 되고, 결과적으로 그 반대쪽의 생각이나 관념도 사라지게 된다. 즉 무나 공으로 돌아가게 된다. 심리학에서는 이를 상호제지의 원리라 한다. 이 모든 것은 연기, 불이, 인과, 또는 연합의 원리에 바탕을 둔 것이다. 불교의 이러한 수행 방법은 몸과 마음은 둘이 아니라는 것이 전제되지 않는 한 성립할 수 없다. 우리가 화두를 의심하는 방법으로 깨우친다는 것도 '파도가 곧 물'인 것처럼 성과 범, 선과 악, 삶과 죽음 등이 둘이 아니라는 사실을 내면적으로 체험하는 것이다. 다시 말하면 불교에서의 깨우침이란 지금까지의 이원론적 · 분별적 사고로부터 벗어나 모든 것이 서로 의존하고 있는 불이(不二)의 세계에서 자신도 무아로 노닐 수 있도록 스스로를 던져 넣는 것이다.

그러나 사람은 누구나 이미 분별 망상으로 오염되어 있어서 모든 것을 오염된 마음으로 보고 생각한다. 불교에 대해 생각하는 것도 예외가 아니다. 그러나 불교가 사람들로 하여금 알게 하려는 것은 생각 자체를 놓아 버리라고 하는 것이기 때문에 그 말대로 한다면 부처도 놓아 버리고 달마도 놓아 버리고 불교도 놓아 버려야 하는 것이 된다. 그뿐만 아니라 부모도 놓아 버리고 친척도 놓아 버리고 자신까지도 놓아 버려야 하는 것이다. 이는 온 세상으로부터의 결별을 의미하기도 하며 엄청난 사건이 아닐 수 없다. 그러나 이러한 결별은 나와 나 이외의 몇 사람에게만 한정되어 있는 지금의 사랑이나 관심이 이웃과 살아 있는 모든 생명체들, 자연과 우주 전체로 퍼져 나가게 된다는 것을 의미한다. 또한 이전 경험으로 굳어진－극히 제한된 내가 아닌－우주를 향해 활짝 열린 대아(大我)를 뜻한다.

현실적으로 인간의 마음은 분별심으로 쉽게 오염된다. 이러한 오염을 예방하는 방법으로 황벽 선사는 견문각지가 있는 곳에 본심이 있다고 생각하게 한다. 그는 "견문각지가 있는 곳에 본심이 있다고 생각하면 좋다. 그러나 본심은 견문각지에 지배되는 일이 없고, 또 견문각지가 따로 있는 것도 아니다. 어디까지나 견문각지에 분별을 일으키거나, 견문각지에 념(念)을 움직이지 않고 별도로 본심을 찾거나, 견문각지를 끊어 버리고 진리를 추정해서는 안 된다. 부즉불이(不卽不離)로 태도를 바꾸지 않고 그대로 집착하지 않는 것이다. 마음껏 자유롭고, 어디든지 도량(道場) 아님이 아니다."라고 권고하고 있다. '파도가 곧 물'인 것처럼 본심과 망심은 둘이 아니다. 이는 우리의 결단 여하에 따라 당장이라도 망심을 본심으로 전환시킬 수 있다는 것을 확신시켜 준다.

서양의 철학자 파스칼(B. Pascal)은 인간을 '생각하는 갈대'라고 했다. 그러나 선에서는 산천초목이 모두 법문을 한다고 설하고 있다. 갈대도 예외가 아닐 것이다. 산천초목의 법문은 무엇인가? 생각은 갈애와 한(恨)을 일으킨다. 인간은 생각조차 없는 갈대가 되기를 거절하지만 선은 '생각하는 갈대'가 생각 때문에 얼마나 큰 고통을 당하고 있는지 깨닫게 한다. 인간도 무념의 갈대와 같이 해와 비, 땅과 바람의 은혜로 존재하고 있다. 그러나 인간은 생각하고 비교하며 욕망하는 나머지 괴로운 삶을 살고 있다. 인간은 갈대조차 '있는 그대로' 보지 못한다.

선에서는 '평상심이 곧 도(道)'라고 한다. 평상심이란 걱정, 근심도 없고 번뇌 망상도 없어서 '시장하면 먹고, 피곤하면 잔다'처럼 누구나 일상적으로 체험하는 편안한 마음이다. 만일 어떤 사람이 이러한 일상적인 마음을 잃어 버리고 번뇌 망상에 의하여 시장해도 먹지 못하고 피곤해도 자지 못한다면 그는 이 평상심을 도적맞은 것이다. 불교 수행의 궁극적 목적은 바로 이 도적맞은 평상심을 되찾는 데 있다. 평상심에는 우주와 회통하는 계정혜가 자성으로 나타나게 된다. 인간은 본래 자연환경에 정확하게 적응할 수 있도록 설계되어 있다. 허망한 생각으로 스스로 방해만 하지 않는다면 누구나 자성의 지혜로 자연 그리고 우주와 상즉상입할 수 있게 되어 건강하고 슬기로운 삶을 살 수 있다. 우리는 자전거를 타든, 스케이트를 타든, 자동차를 운전하든, 청소를 하든, 밥을 먹든, 잠을 자든 '억지로 애씀'이나 '인위적 노력'으로는 할 수 없다는 사실을 모두 알고 있다. 우리는 선을 통해 무아나 공이 우리의 현실 생활에 어떤 기능을 발휘하고 있는지 배울 수 있다. 우리가 어떤 일을 하든지 자신이 그 일과 하나가 될 수 있도록 무아로 조율할 수 있는 기술을 배운다는 것이 그 일에 달인이 되게 하는 유일한 방법임을 안다.

우주는 거대한 유기체다. 유기체에 속한 모든 사물의 자성은 공이다. 자성이 공이므로 모든 것은 서로 의존하며 무조건 수용한다. 계정혜는 곧 우주의 본질이다. 우주의 본질이 계정혜가 아니라면 우주는 한순간도 존속할 수 없다. 계정혜는 서로 의지하게 되어 있는 우주나 사회의 원리다. 계정혜는 인간의 본심이기도 하기 때문에 계정혜를 벗어나면 누구라도 병을 얻게 된다.

견성이란 체험이다. 그 체험이란 마치 개 공포증으로 개를 바로 보지 못하던 사람이 공포증이 소거됨으로써 개를 가까이 볼 수 있게 되고 개를 사랑할 수 있게 되는 것과 같은 것이다. 육경에 조건화되었던 탐진치가 그렇게 모두 소거되면 모든 것을 '여실히' 볼 수 있게 된다. 그것이 모든 것을 아는 지혜, 즉 일체지지의 조건이다.

우리는 무념행을 위한 기초적 단계로 수식관과 사념처를 적용할 수 있다. 그리고 이 세 가지가 스트레스 상황에서 자동적 · 연쇄적 단계로 일어나도록 조건화시킬 수 있다. 예를 들어 스트레스 상황에서 숨을 헤아림으로써 마음을 안정시키고, 자신의 내적 대화에 따라 어떤 감정적 · 생리적 현상과 행동이 일어나게 되는가를 관찰하며, 생각을 끊어버렸을 때 어떤 체험을 하게 되는지 반복 연습함으로써 스트레스 일지를 채워갈 수 있다.

반야심경은 관자재보살이 '오온이 모두 비었음을 그윽이 보시고 모든 고난으로부터 벗어날 수 있었음'을 노래하고 있다. 우리도 자성이 본래 비어 있다는 것을 그윽이 봄으로써 모든 고난으로부터 벗어날 수 있다. 반야심경은 우리로 하여금 '깨달음의 성취나 깨달음의 미성취'라는 관념조차도 없는 무념에 의지하게 될 때 어디에 가든 머물든 물들지 않게 할 수 있다. 본심이 있는 곳에 견문각지가 있다는 것을 항상 기억하고 있으면 어디서나 우리의 감각 기관을 수호할 수 있고 우리로 하여금 병들지 않게 할 수 있다.

반야심경은 색(물질)이 본래 고정된 것이 아닌 것처럼 오온, 색과 수상행식의 모임인 마음 역시 고정된 것이 아님을 선언한다. 불교는 외연기와 내연기를 동일시함으로써 인간의 마음과 행동을 변화시킬 수 있다는 법칙, 대치와 대법을 발견한 것이다.

반야심경

관자재보살(관세음보살)이
깊은 반야바라밀다를 수행할 때에
오온(五蘊)이 모두 비었음을 그윽이 보시고
이 모든 고난에서 벗어났느니라

사리자여
색(色)은 공(空)과 다르지 않고
공(空)은 색(色)과 다르지 않나니

색(色)은 곧 공(空)이요
공(空)은 곧 색(色)이니라

수상행식(受想行識)도

이와 같으니라

사리자여
이 모든 현상(諸法)의 본질(空相)은
나지도 않으며 멸하지도 않으며
더럽지도 않으며 깨끗하지도 않으며
증가하지도 않으며 감소하지도 않느니라

그러므로
그 본질 속에는
색(色)도 없으며
수상행식(受想行識, 五蘊)도 없느니라

안이비설신의(眼耳鼻舌身意, 六根)도 없으며
색성향미촉법(色聲香味觸法, 六境)도 없으며
안계(眼界)도 없으며 내지 의식계(意識界, 六識)도 없느니라

무명(無明)도 없으며 또한 무명이 다함도 없으며
내지 노사(老死)도 없으며 또한 노사의 다함(十二因緣)도 없느니라

고집멸도(苦集滅道, 四諦)도 없으며
지(智, 六波羅蜜)도 없느니라
'깨달음의 성취'도 없고

또한 '깨달음의 비성취(非成就)'도 없느니라

그러므로

보살(菩提薩埵)은 오직

반야바라밀다에만 의지하느니라

그러므로 그 마음이

어느 것에도 걸리지 않으므로

두려움이 없으며

이 모든 미몽(迷夢)으로부터 떠났느니라

과거

현재

그리고 미래의 모든 부처님네들도

이 반야바라밀다에 의지했으므로

완전한 깨달음을 얻었느니라

그러므로 알아야 하느니라

반야바라밀다는

대신주(大神呪)며

대명주(大明呪)며

무상주(無上呪)며

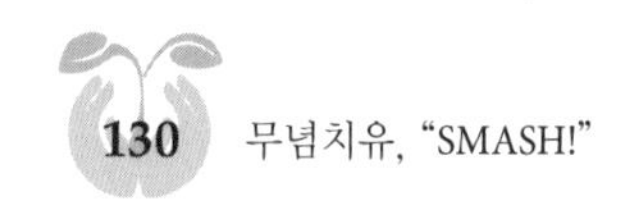

무등등주(無等等呪)라는 이 사실을 알아야 하느니라

(반야바라밀다는)
능히 이 모든 고난을 없애 주며
거짓이 없는 진실이니

여기
반야바라밀다의 주문을 설(說)하느니라

아제 아제
바라 아제
바라승아제
모지 사바하

무념치유의 응용 분야

불교의 연기와 무아관은 우주를 거대한 유기체 또는 그물(網)로 보아 그 안의 모든 것 역시 일즉다 다즉일의 관계로 자타나 내외라는 경계도 없이 서로 의존하고 있음을 깨닫게 한다. 그리고 불교는 본래 비어 있는 인간의 자성이 개인의 이전 행동 경험의 쌓임으로 굳어져 가게 되는가와 그것을 어떻게 소거시킬 수 있는가에 대한 구체적 방법을 제시한다. 불교의 연기와 무아관을 특히 학습 및 행동심리학의 관점에서 해석하면 불교 사상과 수행법을 조금도 왜곡하거나 훼손하지 않고 불교를 현대화, 세계화, 그리고 생활화할 수 있는 구체적 방안이 떠오르게 된다. 무념치유 역시 그 예가 된다. 우리는 불교의 연기와 무아관을 학습 및 행동심리학과 접목하게 될 때 적어도 다음과 같은 영역에서 그 빛을 발하게 될 것임을 확신한다.

행동의학(行動醫學)과 재활심리

1970년대 이후부터 서양의학은 질병을 단지 질병으로 보려는 과거의 질병 모델(disease model)에서 생리-심리-사회적 모델(bio-psycho-social model)로 전환되고 있다. 이는 생로병사와 관련된 고통의 문제를 불교에서 이미 2,500여 년 전부터 계정혜라는 총체적 접근법으로 해결하도록 한 것에 비하면 크게 지연된 것이다. 서양이 '몸과 마음은 둘이 아니라'는 사실을 수용하게 되기까지 그 만큼 오랜 세월이 걸렸기 때문이다. 행동의학은 몸과 마음이 둘이 아니며 항상 병행한다는 사실에 바탕을 두고 있다.

무념치유에서 본 것과 같이 심장병을 비롯한 다양한 육체적 질병들은 행동 문제와 연관되어 있다. 예를 들어 심장 질환의 원인으로 동물성 지방의 과다 섭취, 흡연, 운동 부족, Type A 행동, 칼로리 과잉 섭취 등이 거론된다. 긴장성 두통이나 뇌졸중 당뇨병, 간경화증, 천식, 비만, 감기, 통증, 사고나 에이즈 등 질병의 예방 및 치료를 위하여 행동적 중재가 필요하지 않은 것은 없다. 질병의 예방과 치료에 관련되는 행동적 중재로는 신체적 이완 전략, 체계적 둔감법, 바이오피드백, 자기 점검, 행동 결과의 통제, 선행 자극의 통제, 처벌과 혐오적 절차, 모델링, 인지-행동적 중재, 다중 모델 행동치료 등이 있다. 행동의학에 포함되는 이러한 방법들은 모두 연기의 이법에 바탕을 둔 무념치유의 수식관이나 사념처, 무념 및 벽관에 함축되어 있다. "평상심의 도, 더럽히지만 말라."라고 하는 선이 자기치유의 모델이 되는 것처럼 행동의학의 이상적 모델이 된다.

수월성과 창의성 교육

우리가 선 수행을 통하여 마음을 비운다고 하는 것은 곧 자신이 지금 하고 있는 일에 마음이 함께 할 수 있음을 의미하는 것이고, 또한 개체와 환경 간의 직접적인 소통을 의미하는 것이다. 즉, 육근과 육경 간의 상호 작용에 무명과 무지에 속하는 어떤 생각이나 감정, 행동이 개입되지 않음을 말하는 것이다. 이는 곧 수월성을 뜻하는 것이며 모든 것을 아는 지혜, 즉 일체지지(一切智智)에 접근함을 말한다. 천년의 비바람에도 변함없이 본래의 아름다운 모습 그대로를 간직하며 서 있는 불국사의 석가탑이나 다보탑은 일체지지에 도달한 장인(匠人)의 경지가 무엇인가를 보여 준다. 이러한 공의 지혜는 어디서도 나타날 수 있다. 우리는 연기의 이법에 의지하지 않고 할 수 있는 일이 아무것도 없다. 우리의 일거수 일투족이 우주의 통제하에 있기 때문이다. 우리가 어떤 기술을 배운다고 하는 것은 곧 무아로 연기의 이치를 따른다는 것을 의미한다. 이것은 어린아이가 젓가락으로 밥을 먹을 수 있도록 배우는 것에서부터 과학 기술자가 우주 로켓을 만든다고 하는 일에 이르기까지 어떤 예외도 있을 수 없다. 예를 들어 건축가마다 건축물의 설계도가 서로 다를 수 있다. 그러나 분명한 것은 그들이 짓는 건물이 넘어지지 않고 안전하게 서 있을 수 있도록 자연의 법칙과 일치되게 설계해

야 한다는 것과 지수화풍, 즉 사대(四大)로 구성된 육체를 가진 사람들이 그 안에서 편안하게 살고 일할 수 있도록 외적 · 내적 조건들을 겸비해야 한다는 것이다. 사실 창의성이나 기술은 개인의 주관적 사고나 판단에서 나오는 것이 아니라 오히려 그들의 생각과 행동이 법에 일치되게끔 망념과 망상을 버리는 데 있다. 우리들이 의식하든 의식하지 못하든 관계없이 우리가 무엇인가를 의도한 대로 올바르게 수행할 수 있었다면 그것은 곧 우리가 무념으로 법에 일치되게끔 행동했다는 뜻이다. 축구공이 골대 안으로 빨려 들어가도록 발로 찼다는 것이나 야구 방망이로 홈런을 쳤다는 것 모두 무념으로 법에 일치하게끔 자신을 조율할 수 있을 때만 일어날 수 있는 결과이다. 그러므로 자성에 의존한다는 것은 청소를 하거나, 밥을 짓거나, 차를 끓이거나, 요리를 하거나, 정원을 꾸미거나, 밭을 갈거나, 비행기를 조종하거나, 심지어 잠을 자고, 밥을 먹을 경우에 있어서조차 우리가 의존해야 하는 지혜로서 우리가 어떤 일을 하든 그 일을 예술의 경지로 이끌 수 있는 조건이 된다. 무념으로 차를 끓이면 다선이 되고, 무념으로 춤을 추면 선무가 된다. 무엇을 하든 무념이 되면 자기가 하는 일에 달인이 되고 선지식이 된다. 선에서의 무념이나 공은 단지 조건화된 탐진치를 소거하고 불안감이나 두려움을 없앰으로써 자신이 하는 일에 대한 집중력과 수행력을 높이는 수준을 넘어서 우주와 통합되어 있는－누구나 본래 가진－자성으로서의 슈퍼 마인드에 접근하는 통로를 열게 되는 것이다.

감성지능의 개발

연기의 세계에는 자타나 내외라는 경계나 관념이 없다. 그리고 무아로 모든 것이 서로 의존하며 희생하고 보시하지 않는다면 본래 연기하게 되어 있는 세계는 한순간도 존재할 수 없다. 불교는 인간의 말과 생각이 있는 것을 그대로 보지 못하게 하는 방해물로 작용하고 있음을 일찍부터 지적해 왔다. 그러나 우리의 학교와 사회는 오히려 분별적 언어 중심의 교육을 오랫동안 지속해 왔기 때문에 개인을 이웃이나 자연과 총체적 관계에서 생각하게 하는 데 실패했다. 그러나 이러한 실패에 대한 각성이 일어나고 있다(Goleman, 1995). 불교의 연기와 무아관은 자타나 내외라는 경계까지도 없애는 감성지능의 개발에 있어서 획기적 공헌을 하게 될 것이다.

글로벌 리더십 훈련

세계가 하나가 되면서 개인이 속한 민족적 · 인종적 배경이나 종교적 전통에 따라 발달시킨 개인 간의 서로 다른 기대(期待)가 상충하면서 문화적 · 종교적 갈등과 같은 다양한 문제가 발생했다. 불교의 연기와 무아관은 세계화의 철학적 배경으로 누구나 동의할 수 있는 보편타당한 것이며, 민족에 따라 각각 다른 언어를 사용한다고 할지라도 말과 생각이 모든 것을 있는 그대로 볼 수 없게 만든다는 사실은 누구나 동의할 수 있는 것이다. 이러한 객관적 사실을 바탕으로 하여 누구나 가진 자성으로 누구에게나 공평하고 정의로운 세계를 건설하는 데 모두가 동참할 수 있게 하는 기반을 마련할 수 있다. 불교의 연기 사상이야말로 망심의 결과인 사회적 · 민족적 불평등이나 지구 온난화 문제 등 21세기 인류가 해결해야 할 문제 해결의 열쇠가 된다.

참고문헌

권기호(1981). 뜰 앞의 잣나무니라. 서울: 한진출판사.

김보경(2001). 禪과 파블로프의 개. 서울: 교육과학사.

김보경(2008). 禪과 행동치료. 서울: 시그마프레스.

법정(2002). 스승을 찾아서. 서울: 동쪽나라.

석용운(2011). 선과 차의 만남에 대한 고찰. 선치유의 이론과 응용방법: 다양한 접근시도. 동국대학교 선연구소 추계학술세미나 발제 자료집. 경주: 동국대학교(경주캠퍼스).

이연숙(1992). 풀어지음. 새아함경 II. 서울: 인간사랑.

정태혁(1998). 安般守意經 및 大念處經. 붓다의 호흡과 명상(I · II). 서울: 정신세계사.

柳田聖山(1984). 禪사상(서경수 역). 서울: 한국불교연구원.

水野元弘(1984). 원시불교입문(도봉 역). 서울: 진영사.

吳經熊(1978). 禪學의 黃金時代(서돈옥, 이남영 역). 서울: 三一堂.

六朝壇經(2003). 육조단경(석청화 역주). 서울: 광륜출판사.

Beck, A. T. (1990). *Cognitive therapy for personality disorders*. New York: Guilford Press.

Ellis, A. (1987). *The practice of rational emotive therapy*. New York: Springer.

Friedman, M., & Rosenman, R. H. (1974). *Type A behavior and your heart*. New York: Knopf.

Girdano, D. A., Everly, Jr. G. S., & Dusek, D. E. (1997). *Controlling stress and tension: A holistic approach*(5th Ed.). Boston: Allyn and Bacon.

Goleman, D. (1995). *Emotional intelligence*. New York: Bantam Books.

Howard, J., Cunningham, D., & Rechnitzer, P. (1977). Work patterns associated with Type A behavior: A managerial population. *Human Relations*, *30*, 825–836.

Jacobson, E. (1938). *Progressive relaxation*. Chicago: University of Chicago Press.

Jaffe, D. H. (1980). *Healing from within*. New York: Simon & Schuster, Inc.

Kazdin, A. E. (2001). *Behavior modification in applied settings*(6th Ed.). Belmont: Wadsworth/Thomas Learning.

Meichenbaum, D. H. (1977). *Cognitive behavior modification*. New York: Plenum Press.

Pavlov, I. P. (1928). *Lectures on conditioned reflexes*(W. H. Gantt. trans.) (Vol. I). London: Lawrence & Wishart.

Peper, E. (1979). Passive attention: The gateway to consciousness and autonomic control. In E. Peper, S. Coli & M. Quinn(Ed.), *Mind/body integration: Essential readings in biofeedback*. New York: Plenum, 119–124.

Peper, E., & Holt, C. F. (1993). *Creating wholeness: A self-healing workbook using dynamic relaxation, images, thoughts*. New York: Plenum.

Rosenman, R., Brand, R., Jenkins, C., Friedman, M., Straus, R., & Wurm, M. (1975). Coronary heart disease in Western collaborative group study: Final follow-up experience of 81/2 years. *Journal of American Medical Association*, *233*, 872-877.

Skinner, B. F. (1971). *Beyond freedom and dignity*. New York: Bantam.

Skinner, B. F. (1950). Are theories of learning necessary? *Psychological Review*, *57*, 193-261.

Suzuki, D. T. (1960). Lectures on zen buddhism. In E. Fromm, D. T. Suzuki & R. de Matino(Eds.), *Zen and psychoanalysis*. New York: Harper.

Williams, R., & Williams, V. (1996). 분노가 죽인다(*Anger kills*). (고경봉, 조성희 편역). 서울: 한언.

Wolpe, J. (1973). *The practice of behavior therapy*(2nd. Ed.). Oxford, UK: Pergamom Press.

Wolpe, J. (1958). *Psychotherapy by reciprocal inhibition*. Stanford, CA: Stanford University Press.

찾아보기

내용

인명

지은이

김보경(金寶敬)

경북대학교 사범대학 교육학과 학사 및 동대학원 석사
영국 에든버러대학교 수학(교육철학 및 심리학)
캐나다 토론토대학교 OISE 특수교육 및 정신의학 전공
(M. Ed., Ph. D.)
대구대학교 사범대학 특수교육과 및 재활과학대학 재활심리학과
초빙교수
한국 과학기술원 초빙교수
경북대학교 사범대학 교육학과 교수

현 캐나다 온타리오 주 등록 심리학자
캐나다 온타리오 주 보건부 심리학자
한국상담학회 수련감독 전문상담사
한국재활심리학회 고문

주요 저서
禪과 파블로프의 개 : 지관 상담 및 지관의 행동치료적 응용(교육과학사, 2001)
禪과-행동치료 : 불교상담을 위한 인지-행동적 전략과 전망(공저, 시그마프레스, 2008)

이메일 주소 : songdamkim@hanmail.net